Anita Martiny

Unser sechster Sinn

Anita Martiny

Unser sechster Sinn

Intuitive Fähigkeiten
entdecken, trainieren und nutzen

Verlag Gesundheit

Umschlaggestaltung: Bauer + Möhring, Berlin
Umschlagfoto: Zefa
Produktion und Layout: Paxmann/Teutsch Buchprojekte, München
Druck und Verarbeitung: Kösel, Kempten (www.KoeselBuch.de)

Printed in Germany 2000

ISBN 3-333-01064-X

Gedruckt auf alterungsbeständigem Papier
mit chlorfrei gebleichtem Zellstoff

Inhaltsverzeichnis

Einleitung – Training von Kindheit an

In vielen Kulturen ist der sechste Sinn oder das Dritte Auge selbstverständlicher und bewusster Bestandteil der Wahrnehmungsfähigkeit des Menschen im Alltag. In westlichen und westlich beeinflussten Kulturen werden wir hingegen von Kindesbeinen an darauf trainiert, nur fünf Sinne zu benutzen. Der sechste Sinn verkümmert und wird als unerwünschte Gabe unterdrückt. Zeigen Kinder gar eine besonders ausgeprägte Intuition, wird diese Wahrnehmungsfähigkeit oft als unheimlich oder als überströmende Phantasie abgetan. Kinder lernen schnell. So ist es kein Wunder, dass spätestes bei Schulbeginn kaum noch ein Kind seinen sechsten Sinn einsetzt, jedenfalls nicht bewusst. Äußert ein junger Heranwachsender trotz der gesellschaftlichen Ächtung des sechsten Sinnes beispielsweise Vorahnungen, wird er als Spinner oder Exzentriker ausgegrenzt. Da niemand gern isoliert wird, geht die sechste Wahrnehmungsfähigkeit im Laufe des Lebens so weit zurück, dass wir letztlich glauben, wir hätten sie gar nicht.

Aber selbst wenn er lange Zeit unbeachtet in einer stillen Ecke unseres Inneren verkümmert gelegen hat, verlieren wir unseren sechsten Sinn niemals wirklich. Wenn ein Mensch mit gesunden Augen für einige Zeit eine Augenbinde trägt, hat er trotzdem die Fähigkeit zu sehen. Nähme dieser Mensch die Augenbinde ab, würde ihm die Helligkeit zunächst zu schaffen machen, aber nach kurzer Zeit würde er alles wieder ganz klar sehen können. Ähnlich verhält es sich mit dem sechsten Sinn. Er kann ignoriert, verkümmert, verachtet oder gar verboten sein, aber er existiert und ist einsatzbereit.

Das Interesse an einer ganzheitlichen Sichtweise des Menschen steigt beständig, und so ist auch die Neugierde an unserem verkannten sechsten Sinn erwacht. Eingebungen, Vorahnungen und Zukunftsvisionen verlieren zunehmend ihr falsches Image der Unheimlichkeit. Viele Menschen möchten wissen, was hinter all

Ganzheitliche Sichtweise des Menschen

7

diesen Phänomenen steht: Es ist unser sechster Sinn, der ans Licht drängt.

Wir können lernen, diese sechste unserer Sinneswahrnehmungen wieder zu aktivieren und dadurch unsere Wahrnehmung der Welt nicht nur zu erweitern, sondern ganz entschieden zu verändern.

Der sechste Sinn ist nicht etwa nur eine zusätzliche Art der Wahrnehmung, die aus fünf eben sechs Sinne macht. Es werden uns nicht einfach nur mehr Daten zugeführt, sondern es entsteht eine ganz neue Ebene der Wahrnehmungsqualität.

Während die fünf Sinne – Sehen, Hören, Tasten, Schmecken und Riechen – auf die Außenwelt gerichtet sind, ist der sechste Sinn als einziger nach innen gerichtet. Er sammelt keine Daten, wie die fünf Außensinne, sondern er wertet sie auf eine besondere Weise aus, um über sie hinauszugehen! Mit Intuition lässt sich das wahre Wesen von Zusammenhängen erfassen und bewerten, während die fünf Außensinne ohne Wertung nur für Quantität von Daten sorgen. Der sechste Sinn gilt dagegen der Qualität von Informationen und hilft, die den Dingen zugrunde liegende Quintessenz zu erkennen. Verzichten wir auf diese innere Fähigkeit, ist das permanente Aufnehmen neuer Informationen im Grunde völlig sinnlos, denn wir fangen ja nicht mehr damit an, als sie sozusagen zu katalogisieren! Um indessen ein vollständiges Bild der Welt, anderer Menschen und vor allem unserer selbst zu bekommen, brauchen wir den sechsten Sinn, denn sonst sitzen wir nur auf einer Menge angesammelter Daten und wissen nicht, was sie für uns bedeuten sollen. Damit wieder Sinn in unser Leben kommt, brauchen wir die synthetisierende Kraft unseres sechsten Sinnes.

Die Quintessenz erkennen

Dieses Buch möchte dazu beitragen, den sechsten Sinn bewusst zu erwecken und dadurch unseren Alltag qualitativ zu bereichern und zu verändern.

Unsere fünf Sinne

Was leisten die fünf Sinne?

Bevor wir uns dem sechsten Sinn zuwenden, ist es von Vorteil, sich vor Augen zu führen, was unsere fünf anderen, „normalen" Sinne im Allgemeinen leisten. Für uns ist es selbstverständlich, die Welt jeden Tag mit unseren gewohnten fünf Sinnen wahrzunehmen. Aber was geschieht da eigentlich in jeder Sekunde ganz automatisch?

Unsere Sinnesorgane sind ihrem funktionalen Aufbau nach erstaunliche geniale Mechanismen. Die Informationen, welche unsere fünf Sinne über die entsprechenden Organe aufnehmen, werden auf den Nervenbahnen schnellstens an unser Gehirn weitergeleitet und dort in Windeseile ausgewertet. Diese Auswertung besteht im Wesentlichen aus Vergleichen mit alten Erfahrungswerten und dem Bilden von Informationsgruppen.

Geniale Mechanismen

Den Kern dieser wunderbar konstruierten und ununterbrochen funktionierenden Vorgänge bildet Information! Unsere fünf Sinne übermitteln uns pausenlos Informationen über die Außenwelt, und das hat folgende Konsequenzen:

▶ Ohne unsere fünf Sinne hätten wir keine Informationen über die Außenwelt.

▶ Ohne unsere fünf Sinne wüssten wir nichts über die Außenwelt. Wir sind also auf die fünf Sinne angewiesen.

▶ Jeder der fünf Sinne hat seine bestimmte Art und Weise, die von außen kommenden Informationen zu filtern. Der Gehörsinn filtert nur Geräusche in einem bestimmten Schwingungsbereich heraus. Unsere Augen nehmen Bilder nur innerhalb eines bestimmten Farbspektrums wahr. Die eingehenden Informationen sind also immer durch den jeweiligen Sinn geprägt.

▶ Folglich erhalten wir immer nur einen Ausschnitt aller möglichen Informationen aus der Außenwelt, nämlich den Teil, der in die Raster der fünf Sinne passt. Jenseits des ultravioletten Bereichs können unsere Augen beispielsweise keine Farben mehr erkennen.

Nur ein Ausschnitt der Außenwelt

> Töne, die den Frequenzbereich unseres Gehörs über- oder unterschreiten, sind für uns nicht mehr wahrnehmbar und können daher auch nicht mehr in unser Bewusstsein gelangen.
>
> ▸ Die fünf Sinne sind ein Hilfsmittel, um an Informationen aus der Außenwelt heranzukommen, was bedeutet, dass wir die Außenwelt nie direkt, sozusagen pur wahrnehmen können. Wir nehmen die Außenwelt nur indirekt, durch Vermittlung unserer Sinne wahr.
>
> ▸ Wir werden nie wissen, was es sonst noch für Informationen da draußen gibt, weil wir nur den Einzugsbereich unserer fünf Sinne erkennen.

Wie ein König in seinem Palast sitzen wir mit unserem Geist in unserem Inneren. Ständig kommen Diener mit Informationen zu uns in den Thronsaal (Bewusstsein) oder in die Dienstbotenbereiche (Unterbewusstsein) gelaufen. Wir nehmen die Informationen entgegen, führen sie der verwaltenden Registratur (Verstand) zu und meinen, wir wüssten über die Welt da draußen, jenseits unseres Palastes Bescheid. Und sicherlich wissen wir auch eine Menge darüber, aber wir waren selbst vielleicht nur sehr selten wirklich dort! Irgendwann glauben wir dann, die Welt bestünde tatsächlich nur aus genau diesen fünf Möglichkeiten von Informationsgruppen! Die Wahrheit ist, wir sind da zu einem, wenn auch verständlichen, Fehlurteil gekommen. Ein einfacher logischer Fehler. Ein unzulässiger Rückschluss!

MERKE

Nicht die Welt da draußen ist reduziert auf fünf Komponenten, sondern wir sind darauf reduziert, nur diese fünf Komponenten der Außenwelt wahrnehmen zu können!

Wir können in Wahrheit nichts Vollständiges über die Welt da draußen sagen. Wir wissen schlicht nicht, wie sie in ihrer ganzen Komplexität beschaffen ist. Vielleicht sind ja die Luftströme zusätzlich mit uns unbekannten Farbmustern versehen, oder die elektromagnetischen Strahlen der Erde ergeben leise summende Melodien in uns unbekannten Tonarten. Wir wissen das nicht, denn wir haben derartige Informationen nie erhalten. Wir wissen nur, was unsere fünf Sinne uns als indirekte Informationen übermitteln. Nicht mehr. Doch das ist eben alles, was wir haben, denn wir sitzen ja im Inneren unseres eigenen Palastes, ohne ihn zu verlassen.

Was würden Sie sagen, wenn es nun doch eine Möglichkeit gäbe, sich ab und zu aus dem Palast schleichen und selbst einen direkten Blick nach draußen werfen, einmal selbst die Welt direkt erleben zu können? Das wäre doch was, oder!?

Denn diesen Unterschied können wir erleben. Auch wenn wir auf unsere fünf Sinne angewiesen sind und uns nicht über diesen vorgegebenen Rahmen hinwegsetzen können. Wir können die Informationen in unserem Palast empfangen, also passiv von den Dienern entgegennehmen, oder wir erleben diese Informationen selbst direkt vor Ort. Die Erlebnisqualität wird deutlich anders sein, wie bei einer Geschichte, die uns jemand erzählt bzw. die wir selbst erleben.

Dabei kann uns eine bislang wenig beachtete Gruppe von Dienern helfen, die als Informationen keine Bilder, Geräusche, Tastempfindungen, Gerüche oder Geschmacksrichtungen anbieten. Wir kennen eine der Funktionen dieser sechsten Dienergruppe schon aus dem Alltag. Sie vermittelt sogenannte höhere Emotionen, also gefühlsmäßige Bewertungen, und zwar unmittelbar. Wenn wir etwas als wahr empfinden oder ein bestimmtes, die Seele öffnendes Glücksgefühl beim Betrachten eines schönen Sonnenuntergangs empfinden, haben diese Diener immer ihre Hand auf unserer Schulter liegen. Sie vermitteln uns emotionale Wertungen. Die fünf anderen Sinne bringen unbewertet Informationen herein; wie diese jedoch auf uns wirken, was sie auslösen und emotional eröffnen, wird von diesem andersartigen sechsten Sinnesdiener bewerkstelligt. Der Verstand sortiert, summiert, addiert, subtrahiert und vergleicht wie eine verwaltende Registratur. Er bringt logische Korrektheit, Hochrechnungen und Mengenbildung in die Datenfülle. Aber er kann uns nicht helfen, wenn es darum geht, etwas nach dem inneren Wesen, nach dem Inhalt der äußeren Hülle zu bewerten. Was wirklich wahr ist oder was hinter all den Äußerlichkeiten steckt, kann uns der Verstand nicht sagen, es ist schlicht nicht seine Aufgabe.

Insofern hilft uns der sechste Sinn schon beständig im Alltag, aber eben eingeschränkt und vor allem unbewusst. Wir wissen

Emotionale Wertungen – eine ganz andere Qualität

MERKE

Für die emotionale Bewertung eines Sachverhalts oder einer Situation ist der sechste Sinn zuständig.

bewusst, dass wir sehen, hören, tasten, riechen, schmecken, und wir wissen auch, welches Sinnesorgan dafür zuständig ist, eben die Augen, Ohren usw. Wir wissen jedoch nicht bewusst, wer oder was da bei uns die emotionale Bewertung vornimmt! Hier beginnt bereits die Arbeit des sechsten Sinnes, auch wenn es tatsächlich nur ein allererster Anfang ist! Der sechste Sinn hat noch so viel mehr zu bieten, das wir fast alles und fast immer ungenutzt verkümmern lassen.

Wahrnehmung jenseits der Sinne

Der sechste Sinn fordert uns immer auf, etwas zu erleben, und zwar direkt, unmittelbar und jenseits von Äußerlichkeiten. Dieses Angebot nehmen wir manchmal auch an, vernachlässigen es jedoch fast immer. Vielleicht sind wir bislang auch nur noch nicht auf die Idee gekommen, einmal nachzufragen, was er eigentlich für uns tun könnte. Vielleicht haben wir diesen besonderen Diener auch noch gar nicht bewusst wahrgenommen. Mehr zu erleben, könnte ja unser Bild, das wir uns von der Welt machen, erweitern. Und das wäre doch zumindest spannend!

WICHTIG!

Der sechste Sinn bietet keine zusätzlichen Informationen über die Außenwelt, wie die anderen Sinne, sondern eine ganz andersartige Qualität des Erlebens! Er eröffnet die Welt des inneren Kerns, des Wesens.

Die emotionale Erlebnisqualität des sechsten Sinnes ist keine zusätzliche Information, sondern verändert alles grundlegend.
Wenn wir die sechste Dienerschaft auffordern, uns ins unmittelbare Erlebnis zu führen, behaupten sie, wir würden nur durch unser Inneres direkt nach außen gelangen. Das klingt auf den ersten Blick widersprüchlich. Aber ein Versuch – wie im Übungsteil beschrieben – kann ja nicht schaden!
Die Überraschung besteht darin, dass wir nicht noch mehr Daten, sondern eine ganze neue Welt jenseits der Daten zu sehen bekommen, wenn wir uns von diesen andersartigen Dienern führen lassen.

Der sechste Sinn öffnet uns die Welt des direkten Erlebens, des unmittelbaren Empfindens von wahrem Wesen. In diesen Erlebnissen liegen Erkenntnisse und Wahrheiten für uns bereit, die nichts mit logischen Berechnungen zu tun haben, sondern auf einer ganz anderen Qualitätsebene liegen.

Die Normalität der Sinne

Für uns ist es ganz normal und völlig selbstverständlich, die Außenwelt sehen, hören, ertasten, erriechen und erschmecken zu können. Wie bereits gesagt, verwechseln wir erstens die Informationen, die wir durch unsere fünf Sinne erhalten, mit dem direkten Erleben der Welt, und zweitens glauben wir, dies sei alles, was wir über die Welt erfahren können. Beides hat sich als logischer Irrtum herausgestellt.

Dennoch sollte uns diese Erkenntnis nicht dazu verleiten, unsere fünf Sinne gering zu schätzen. Es stimmt zwar, dass sie immer nur einen Teil, einen Ausschnitt der Welt übermitteln, aber letztlich ist dies im Alltag alles, was wir haben! Zumindest erfahren wir einen Teil! Das ist besser als nichts! Ein Regenwurm zum Beispiel kann nur hell und dunkel in diffusen Schattierungen wahrnehmen. Eine eingeschränkte Kombination zwischen Tast- und Geruchssinn lässt eine diffuse Unterscheidung zwischen trocken und feucht zu. Er kann nicht wirklich, das heißt nicht farbig und nicht in Bildern sehen. Er kann auch weder hören, noch differenziert riechen oder schmecken und nur wenig tasten. Ein Regenwurm nimmt also noch weniger von der Welt wahr als wir, aber auch für ihn ist es alles, was er hat. Für den Regenwurm ist die Welt ein undeutliches Wechselspiel von helleren und dunkleren Schatten, es gibt nassere und trockenere Stellen sowie härtere und weichere Untergründe. Das ist alles. Wie bedauerlich für den Regenwurm, können wir von unserer Position aus sagen, denn wir können ja so viel mehr wahrnehmen!

Wir können aber ebensowenig wie der Regenwurm aus unserem vorgegebenen, angeborenen Schema heraus. Wir haben keine Verarbeitungsmöglichkeiten und auch kein Vorstellungsvermö-

MERKE

Mit Intuition werden nicht Sinneseindrücke addiert, sondern sozusagen Synthesen gebildet, mit neuer, andersartiger Qualität durch emotionales Erleben.

Wir können unser Schema nicht verlassen

gen für ganz andersartige Informationen wie kosmische Klänge, sichtbare Töne oder Ähnliches. Schon bei der Konstruktion dieser Beispiele können Sie erkennen, dass ich trotz allem immer noch mit Bildern oder Geräuschen arbeite. Es könnte indessen noch ganz andere Sinnesdaten jenseits der fünf Kategorien geben, die jedoch für uns Menschen nicht einmal phantasierbar sind! Die Möglichkeit einer ganz andersartigen Sinneswahrnehmung ist natürlich denkbar, nicht jedoch ihre konkrete Beschaffenheit.

Wir sind in unserer Wahrnehmungsfähigkeit an die fünf Sinne gebunden; unsere Möglichkeiten, die Welt zu erfassen, sind begrenzt.

Doch wenn das so ist, was ist dann mit dem sechsten Sinn? Nun, die Antwort ist einfach: Es gibt eine weitere Wahrnehmungsfähigkeit, die wir nur eingeschränkt nutzen, die über die Sinnesdaten hinausgeht und diese unmittelbar auswertet. Die sechste Wahrnehmung erfasst dabei etwas ganz anderes, und zwar eben nicht die Außensicht der Dinge, sondern die Innensicht!

Innerhalb unseres begrenzten Wahrnehmungsspektrums gibt es also noch eine weitere, aber wenig genutzte Kapazität. Wir könnten also noch etwas mehr über die Welt erfahren. Wir haben also in Wahrheit nicht nur fünf Grundmuster, sondern sechs.

Den vorgegebenen Rahmen voll ausnutzen

Wenn wir schon eingeschränkt sind im Erfassen der Welt, dann sollten wir vielleicht zumindest den vorgegebenen Rahmen auch wirklich voll ausnutzen.

Warum wir den sechsten Sinn nicht vermissen

Der sechste Sinn unterscheidet sich deutlich von den anderen fünf Sinnen. Diese Andersartigkeit ist meist auch der Grund, warum wir mit der sechsten Kategorie nichts anfangen können bzw. wollen oder sie beiseite schieben.

Die Struktur der fünf Sinne – Sehen, Hören, Tasten, Riechen, Schmecken – ist absolut gleichartig. Sie sortieren Informationen aus der Außenwelt und bringen diese in unser Inneres. Im Gehirn werden die Informationen aller fünf Kategorien zusammengesetzt, und wir erhalten ein Abbild der Außenwelt. Es gleicht einem groben Puzzle, bei dem die einzelnen Stücke erkennbar bleiben. Ein bellender Hund ist ein Geräusch, das ein Bild begleitet, oder umgekehrt. Die beiden Komponenten Geräusch und Bild sind, obwohl verbunden, dennoch deutlich einzeln erkennbar. Sie bilden keine echte Synthese, sind nicht etwas Neues. Es ist, als würden Wasser und Öl verschüttelt: Die beiden Bestandteile gehen keine echte Verbindung ein, sondern bleiben in ihrer Substanz, was sie sind.

Die Informationen der fünf Außensinne sind vergleichbar mit Wasser und Öl. Wir können sie miteinander verschütteln, aber es entsteht keine neue Verbindung. Erst wenn wir einen Emulgator oder Katalysator, um im chemischen Bild zu bleiben, hinzufügen, entsteht eine neue, ganz andersartige, einheitliche Substanz.

Wie Wasser und Öl

Der sechste Sinn kann diese Aufgabe übernehmen und sozusagen geistiger Katalysator sein!

*Ein geistiger
Katalysator*

Die fünf Sinne sind so konstruiert, dass sie nur die äußere Hülle von etwas beschreiben, das heißt Erscheinungen abtasten können. So erhalten wir eine grobe Darstellung von Formen. Wir wissen, wie etwas aussieht, sich anhört, sich anfühlt, riecht oder schmeckt. Dadurch wissen wir auch, dass etwas überhaupt existiert! Und wir wissen einiges über die Form, in der es existiert. Wir wissen beispielsweise, dass ein Kinderball rund und bunt ist, nach Gummi riecht und beim Aufprall auf dem Boden ein bestimmtes Geräusch macht. Damit wissen wir zum einen, dass dieser Kinderball existiert, und zum anderen, in welcher Form er dies tut, nämlich rund und bunt, nach Gummi riechend und ein Aufprallgeräusch machend. Die emotionale Bedeutung dieses Kinderballs aber bleibt den fünf Sinnen verborgen. Wir haben uns im Alltag daran gewöhnt, immer nur diese Art von Feststellungen zu treffen:

1. Etwas existiert, und
2. es existiert in einer bestimmten Kombination der fünf Kategorien.

Damit geben wir uns zufrieden. Wir strecken sozusagen unsere Fühler aus und stellen immer mehr existierende Objekte fest. Das machen wir endlos so weiter. Manchmal haben wir keine große Lust, Neues zu entdecken, und ziehen unsere Fühler etwas von der Außenwelt zurück. Doch dann sehen wir etwas Neues, und schon fahren wir wieder unsere Fühler aus: Wie schmeckt das, wie riecht das, wie hört und fühlt sich das an? Wieder haben wir die Existenz und die fünffache Beschaffenheit dieser Existenz durch unsere Sinne erfahren – noch etwas Existierendes mehr in unserer inneren Sammlung.

Reizüberflutung

Wir leben in einer Welt der Reizüberflutung. Pausenlos entdecken unsere Sinne neue Objekte, Lebewesen und Situationen. Pausenlos muß etwas Neues „abgetastet" werden, und als Bild mit Geschmack, Geruch und Tastempfindung wird dieses Neue in der inneren Datenbank als ein weiterer Teil der Außenwelt gespeichert. Dieses ständige Registrieren neuer Dinge, Menschen und Situationen macht das Leben nicht nur spannend und aufregend, sondern bindet auch unsere ganze Aufmerksamkeit. Wir sind ständig damit beschäftigt, Neues zu registrieren. Mittlerweile haben wir unsere menschliche Welt zusätzlich so ausgebaut, dass dieser Strom an Neuem nie aufhört. Es gibt ständig Neues im Fernsehen, in Zeitungen und Büchern, es gibt neue Musik, neue Mode, neues Parfüm, neue Kochrezepte, neue Menschen, neue Situationen. Wir sind völlig damit ausgelastet, dieser Flut von Neuem zu begegnen. Es macht uns nicht nur Spaß, Neues zu entdecken, sondern wir sind zugleich auch Gefangene dieses „Erkundungsdrangs". Denn von Natur aus ist es für uns lebenswichtig, unsere unmittelbare Umgebung mit den fünf Sinnen „abzutasten". Wir müssen wissen, wie sie beschaffen ist, um uns gegen Gefahren zu schützen und unser Überleben zu sichern. Und genau dieser Zwang lockt uns immer wieder mit den fünf Sinnen nach draußen, um all das Neue, das auf uns einströmt, zu erfassen und zu registrieren. Dabei kommen wir angesichts der Datenfülle, die wir schon jetzt kaum noch bewältigen können, fast nicht mehr dazu, diese Daten auch sinnvoll und gründlich auszuwerten. Und deshalb fällt uns auch nicht auf, dass wir gar nicht alles wahrnehmen, was wir wahrnehmen könnten! Wir vermis-

Gefangen im Erkundungsdrang

sen den sechsten Sinn nicht, weil wir mit der Datenmenge schon jetzt nicht mehr zurechtkommen.

Die fünf Außensinne sind rein auf Quantität gerichtet. Sie entscheiden nicht über Sinn oder Unsinn der von ihnen übermittelten Datenmengen. Dies geschieht erst durch unser Selbst (Bewusstsein und Unterbewusstsein). Da wir nun aber so sehr mit der Bewältigung dieser Datenmengen beschäftigt sind, kommen wir meist nicht dazu, uns um eine vollständige qualitative Auswertung zu kümmern! Vor lauter neuen Eindrücken merken wir irgendwann gar nicht mehr, dass uns diese Masse an Information qualitativ eigentlich wenig nützt. Ein bildlicher Vergleich mag helfen, unseren täglichen Zustand zu beschreiben: Wir befinden uns an einem Flußufer, wo unser Haus steht. Es ist Hochwasser. Pausenlos bringt die Flut neue Wassermengen ans Ufer. Damit unser Land, von dem wir uns ernähren und unser Haus, das unser Schutz und unsere Sicherheit ist, nicht überflutet und zerstört werden, schleppen wir mit aller Kraft Sandsäcke ans Ufer. Einen kleinen Kanal lassen wir allerdings offen, weil wir das Flußwasser auch zur Bewässerung unserer Felder brauchen. Wir sind nun so damit beschäftigt, diese Sandsäcke zu besorgen und an die gefährlichen Stellen zu legen, dass wir meinen, keine Kraft und Zeit mehr zu haben, um einen vernünftigen Plan zu machen, wie sich das Ufer langfristig und dauerhaft sichern ließe. Es bleibt auch kaum Kraft und Zeit, um die Felder vernünftig zu bewirtschaften, und deshalb sind wir so ausgemergelt, weil unsere Ernährung nur unzureichend gesichert ist. Das Hochwasser geht nicht zurück, und über Jahre bis Jahrzehnte schleppen wir Sandsäcke gegen die stetig steigenden Fluten... Wirklich helfen würde es, sich einen Moment zurückzuziehen, auszuruhen und zu überlegen, was es mit dieser Dauerflut überhaupt auf sich hat und wie sich die Wasserfluten sinnvoll und langfristig bewältigen lassen. Wenn wir dann älter werden, krank sind oder unter akuter Erschöpfung leiden, lassen unsere Kräfte nach. Wir können nicht mehr so viele Sandsäcke schleppen und diese auch nicht mehr aus allzu großer Entfernung herbeiholen. Wir schleppen also weniger Sandsäcke

Überwältigende Informationsflut

herbei als früher, und seltsamerweise sinkt im selben Verhältnis auch der Wasserstand des Flusses.

Die Informationen, die unsere fünf Sinne pausenlos herbeibringen, sind die Wasserfluten. Die Sandsäcke sind die Art unseres inneren Umgangs damit: Wir versuchen, sie einzudämmen und zurückzudrängen. Dabei sind wir mit unserer ganzen Aufmerksamkeit immer direkt am Ufer und schauen gebannt auf die Fluten. Unsere eigentliche Aufgabe bestünde indessen darin, genügend Wasser durch den kleinen Kanal auf unsere Felder zu leiten und damit qualitativ gute Nahrung zu produzieren! Wenden wir uns von den äußeren Wasserfluten ab und unseren Feldern im Inneren zu, sinkt der Wasserspiegel! Wenn wir unsere Aufmerksamkeit von außen nach innen richten, sind wir nicht mehr überfordert durch zu viele Informationen, weil diese dadurch abnehmen!

MERKE

Die Menge der Sinneseindrücke hängt ausschließlich von unserer Aufmerksamkeit ab!

Mit der nach innen gerichteten Aufmerksamkeit sollten wir unsere eigentliche Arbeit tun, das heißt die Felder bestellen. Unsere wirkliche Aufgabe besteht darin, die Datenflut der Sinneseindrücke in etwas ganz anderes umzuwandeln; in unserem Bild sind dies Feldfrüchte bzw. Nahrung. Dieser Prozess ergibt im Vergleich zur pausenlosen Ansammlung von Rohmaterial – in unserem Bild Wasser, Erde und Saatgut – etwas qualitativ völlig Neues.

WICHTIG!

Die Arbeit mit nach innen gerichteter Aufmerksamkeit könnte aus dem Rohmaterial der Sinneseindrücke etwas qualitativ Höheres, für uns viel Nützlicheres von einer ganz neuen Qualität schaffen:

▶ **Im geistigen Bereich, denn darum geht es, heißt die qualitativ höherwertige Feldfrucht der inneren Umwandlungsarbeit Erkenntnis.**

▶ **Nichts anderes ist gemeint, wenn wir von innerer Transformation sprechen, auch wenn es in diesem Bereich aufsteigende Grade gibt.**

Die Flut der Sinneseindrücke umwandeln

Weil im Alltag unsere ganze Aufmerksamkeit auf die von außen durch die fünf Sinne angelieferte Datenmenge gerichtet ist, merken wir nicht, dass wir noch einen anderen, nämlich den sechsten Sinn haben. Wir können ihn auch gar nicht bewusst wahrnehmen, denn er beteiligt sich nicht am quantitativen Sammeln von Daten. Das ist gar nicht seine Aufgabe. Da wir uns jedoch daran gewöhnt haben, unsere Aufmerksamkeit nur auf die äußere Form, auf das pausenlose Registrieren von neuen beschreibenden Daten zu richten, kommt der sechste Sinn auch niemals bewusst zum Einsatz, und wir meinen, es gäbe gar keinen anderen Zustand. Wir glauben, das sei alles, was uns das Leben zu bieten habe: pausenloses Sammeln neuer Eindrücke. Dabei vergessen wir, dass es sich lediglich um Rohmaterial handelt. Wir vergessen, dass es darüber hinaus eine Aufgabe gibt, für die wir dieses Rohmaterial sammeln! Wir bleiben darin stecken, die Voraussetzungen für unsere eigentliche innere Arbeit zu schaffen, die wir dann niemals in Angriff nehmen.

Rohmaterial ohne Sinn

Wir benehmen uns in unserem reizüberfluteten Alltag, als würden wir mit unglaublichem Eifer eine Fabrik bauen und ständig erweitern. Wir kaufen alle Messeneuheiten für den Maschinenpark und fügen immer neue Teile an, bis das Gebäude völlig unüberschaubar wird. Aber wir haben inzwischen vergessen, wofür wir die Fabrik eigentlich gebaut haben. Wir wissen nicht mehr, was wir da eigentlich produzieren wollten, deshalb kaufen wir auch alle Maschinen und nicht nur die speziellen, die wir wirklich brauchen könnten. Es kostet unsere ganze Kraft, unser ganzes Vermögen, denn da wir nichts produzieren, verbrauchen wir das Geld – die Lebensenergie – nur und nehmen nichts ein. Es werden auch keine Mitarbeiter eingestellt, weil wir vergessen haben, wofür wir sie benötigen könnten. Wir nehmen zwar wahr, dass sich manchmal „jemand" bei uns meldet und die Halden angesammelten Rohmaterials gerne für uns verarbeiten würde, doch wir verstehen im Grunde nicht, was diese „Person" eigentlich will. Diese Anfragen sind im übertragenen Sinne die Momente, in denen sich unsere Intuition meldet. Da klopft jemand an und fragt bildlich: „Soll ich aus dem ganzen Leder hier vielleicht Schuhe für Sie herstellen?" Im Gegensatz zu uns erkennt nämlich die Intuition, was sich aus dem vorhandenen Materialberg alles machen ließe.

Fabrik ohne Funktion

Intuition erkennt, welches Material für „Schuhe" benötigt wird, und ist als „arbeitswütiger Fabrikarbeiter" bisweilen auch so dreist, ungefragt einfach etwas herzustellen. Wir kommen dann verwundert daher und fragen, was das solle. Daraufhin zeigt „er" uns fertige „Schuhe". Wir staunen: Das hätten wir von diesem Rohmaterial nicht erwartet! Meist erkennen wir aber nicht einmal, dass die fertigen „Schuhe" tatsächlich aus unseren Massen von Rohmaterial hergestellt wurden – nicht einmal diesen Zusammenhang erkennen wir in all der hektischen Sammelei.

In solchen Augenblicken, in denen uns ganz unvermittelt „Schuhe" präsentiert werden, dringt unsere Intuition einfach durch unser nach außen gerichtetes Bewusstsein hindurch und liefert uns überraschende Erkenntnisse. Wir sind maßlos erstaunt, können uns das nicht erklären, fragen aber meist auch nicht nach, sondern machen weiter wie bisher: Rohmaterial sammeln und sammeln und sammeln...

Wir selbst haben dieses „Etwas"

Diffus wissen wir, dass da noch „irgendetwas" anderes in uns ist, das manchmal an die Tür unseres Bewusstseins klopft. Bisweilen berichten andere Menschen auch über die Existenz von „etwas" jenseits der fünf Sinne. Da aber unsere bewusste Aufmerksamkeit immer bei diesen fünf Sinnen ist, glauben wir meist nicht, dass wir dieses „Etwas" eventuell selbst besitzen. Wir halten unerklärliche Erlebnisse für Ausnahmeerscheinungen der Außenwelt und kommen einfach nicht auf die Idee, dass wir sie in der Außenwelt gar nicht finden können!

So haben sich die meisten Menschen angewöhnt, besondere Erlebnisse, Intuition, den sechsten Sinn oder das Dritte Auge als etwas Geheimnisvolles zu sehen. Vielen ist es fast unheimlich, dass es so etwas tatsächlich geben soll. Menschen, die intuitiv wahrnehmen, gelten nahezu als Mutanten, die stark von der Normalität des Durchschnittsmenschen abweichen, oder sie werden zu Genies erklärt und fallen damit ebenso aus dem Rahmen.

Geheimnisse ziehen uns Menschen jedoch bekanntlich magisch an. Wir sind neugierig, was diese außergewöhnlichen Menschen denn wahrnehmen, das unseren normalen Sinnen verborgen bleibt. Also interessieren wir uns sehr für diese Phänomene und kommen nie auf die Idee, dass wir über genau dieselbe Fähigkeit verfügen und ebenso zu diesen andersartigen Erlebnissen in der Lage sind. Unsere tägliche Hatz nach neuen Daten, neuen Sinneseindrücken treibt uns, auch bei diesen „seltsamen" Zeitgenossen nachzuschauen. Da unsere fünf Außensinne allerdings nichts von dieser angeblichen Besonderheit erfassen können, glauben wir meist, es gäbe so etwas wie eine sechste Wahrnehmung letztlich nicht, oder aber, wir sind starr vor Bewunderung, dass jemand etwas „sieht", das wir partout nicht „sehen" können.

Unter Blinden ist der Einäugige König

Eine unerfreuliche Folge unserer beschränkten Wahrnehmung ist, dass sich viele fragwürdige Zeitgenossen unseren Mangel an intuitiver Tätigkeit zunutze machen. Kommerzielle Wahrsager jeder Schattierung, Kontaktpersonen ins Jenseits, Sekten und andere meist sehr teure Angebote regnen auf uns herab und machen natürlich neugierig. Gemäß dem Sprichwort „Unter den Blinden ist der Einäugige König" lassen uns Geschäftemacher in dem Irrglauben, der durchschnittliche Zeitgenosse könne überhaupt nichts intuitiv wahrnehmen – eine geschäftserhaltende Lüge. Hier nutzen lediglich profitorientierte Menschen eine Marktlücke, nämlich unsere Unkenntnis der eigenen Intuition und des angeborenen sechsten Sinnes.

Geschäftserhaltende Lügen

Zwar wissen wir tief im Inneren und meist nur unbewusst um ihn und verlangen danach, das Dasein auch mit dieser Seite wahrzunehmen, statt jedoch selbst diese Fähigkeit in uns zu entwickeln, wenden wir uns an Menschen, die angeblich über viel mehr Intuition und Weitsicht verfügen. Dabei brauchen wir all diese teuren „Helfer" gar nicht! Nicht etwa, weil es den Kosmos, Engel, das Jenseits, Gott und all die anderen Ebenen nicht gibt, sondern weil wir diese Dimensionen ebenso gut wahrnehmen können, wie diese selbsternannten Heilsboten. Unabhängig von individuell angeborenen Unterschieden kann nämlich die Wahrnehmungsfähigkeit eines jeden der fünf Sinne trainiert, also verbessert wer-

Sie schaffen es allein!

21

M E R K E

Jeder Mensch – wirklich jeder ohne Ausnahme – hat den angeborenen sechsten Sinn.

den. Und ebenso verhält es sich mit der Intuition. Vielleicht haben Sie von Natur aus einen gut ausgeprägten sechsten Sinn, doch erst das Training macht Sie zum Experten bzw. zur Expertin. Der sechste Sinn an sich ist fester Bestandteil des Menschen.

Was ist der sechste Sinn?

Die Psychologie der unbewussten Datenbank

Manche Richtungen der Psychologie haben die intuitive Fähigkeit des Menschen auf einen unbewussten Datenspeicher reduzieren wollen, sind von diesem Erklärungsversuch aber in den meisten Fällen bereits wieder abgerückt. Dennoch kursiert diese Idee noch immer und macht es oft unnötig schwer, unseren sechsten Sinn wieder zu aktivieren. Deshalb sind einige Worte zu dieser Theorie der Intuition als unbewusster Datenbank angebracht. Da wir im Alltag durch unsere Sinne auch eine Vielzahl an Informationen aufnehmen, die nicht ins Bewusstsein gelangen, gingen mache Forscher davon aus, dass diese herausgefilterten Sinneseindrücke dennoch als riesiger Datenspeicher im Unterbewusstsein gelagert würden. Haben wir nun beispielsweise eine Situation zu lösen, erinnern wir uns an alle vergleichbaren, bewusst erlebten Situationen und entscheiden durch Vergleich, was momentan die günstigste Lösung wäre. Unsere unbewusste Datenbank verfügt indessen über viel mehr Informationen, die im Vergleich der bewussten Erlebniswerte untereinander manchmal einen ganz anderen Schluss ergeben. Diese andere Schlussfolgerung aus dem unbewussten Daten-Pool steigt dann als Pseudo-Intuition in unser Bewusstsein, um es zu bewegen, die Entscheidung noch einmal zu überdenken. Ebenso können Situationen auftauchen, die wir bewusst noch nie erlebt zu haben glauben, aber dennoch kann die unbewusste Datenbank über Informationen verfügen, von denen wir eben nichts wissen. Dann setzt wieder die Pseudo-Intuition ein und meldet scheinbar unbekannte neue Informationen, die aber lediglich aus dem unbewussten Datenspeicher kommen.

Pseudo-Intuition

Mit diesem Erklärungsmodell schienen frühere Psychologen zufrieden, denn es machte aus der Intuition eine greifbare, logische Computerdatei, die im Unterbewusstsein angelegt ist. Zwar gibt es diese Fülle unbewusster Daten aus unbewusst wahrgenommenen Sinneseindrücken, inzwischen ist jedoch erwiesen, dass die Intuition sich eben nicht auf diesen Daten-Pool reduzieren lässt. Sie ist im Gegenteil etwas deutlich anderes. Spätestens seit viele Psychologen durch Hypnose und ähnliche Methoden Zugang zum Unterbewusstsein ihrer Patienten gefunden haben, wurden oft genug intuitive Wahrnehmungen geäußert, die in keiner Weise auf unbewusste Erfahrungsdaten zurückzuführen waren. Dies brachte auch in vielen psychologischen Praxen die Intuition als unberechenbare Größe wieder ins Gespräch.

Intuition als unberechenbare Größe

Das intuitive Wahrnehmen unterscheidet sich deutlich vom kognitiven, das heißt sinnlich erfahrbaren Wahrnehmen. Die Intuition zeigt uns immer einfache, sozusagen auf ihren Kern komprimierte Bedeutungen und keine Datenfülle, sondern deren Gegenteil, das Konzentrat, statt der Überflutung mit Sinneseindrücken.

Greift das Bewusstsein bei der Lösung eines Problems auf die Datenbank des Unterbewusstseins zurück, dann haben wir es definitiv nicht mit der Intuition zu tun, sondern schlicht mit dem Unterbewusstsein. Diese exakte Unterscheidung wurde dadurch erschwert, dass natürlich auch die Intuition auf diesen Datenspeicher des Unterbewusstseins zugreifen kann, um uns beispielsweise in eine bestimmte Richtung zu lenken, die wir bewusst nie eingeschlagen hätten.

Der Sitz des sechsten Sinnes – Das Dritte Auge

Um den sechsten Sinn ganz konkret und ohne künstliches Mysterium kennenzulernen, sollten wir bei der körperlichen Seite beginnen.

Das innere Körperorgan, das analog der fünf Sinne den sechsten Sinn repräsentiert, ist noch nicht gefunden worden. Es steht jedoch außer Zweifel, dass auch der sechste Sinn eine körperliche Funktionseinheit haben muß. Manche Vermutungen richten sich derzeit auf die Hirnanhangdrüse. Es gibt jedoch immer noch Regionen im Gehirn, die nicht gänzlich erforscht sind und ebenso-

Die Hirnanhangdrüse als mögliches inneres Organ

gut Sitz dieses inneren „Organs" sein könnten. Unsere fünf Sinne haben sowohl ein inneres, als auch ein äußeres Organ. So verfügen wir zum Beispiel über die äußerlich sichtbaren Ohren, deren Aufgabe es ist, die Schallwellen aufzufangen und nach innen zu leiten. Sie allein könnten natürlich nicht hören. Nur wenn sie die Schallwellen zum inneren Organ weiterleiten, kann daraus ein Impuls entstehen, der über die Nervenbahnen zum Gehirn geleitet wird. Äußeres und inneres Organ müssen als Funktionseinheit zusammenarbeiten, sonst können Sinneseindrücke nicht entstehen. Ähnlich dürfte es sich beim sechsten Sinn verhalten, der zwar andere Qualitäten wahrnimmt, aber als solcher eben auch wahr-

Das Dritte Auge
als äußeres Organ

nimmt. Das „äußere Organ" des sechsten Sinnes kennen wir schon: Es ist das Dritte Auge. Die Bezeichnung wurde aus der buddhistischen Tradition übernommen, weil es im Abendland nicht einmal einen Namen für diese besondere Körperstelle gab – ein weiteres Zeichen unserer Ignoranz gegenüber dem sechsten Sinn.

Der Sitz des Dritten Auges
Das Dritte Auge liegt zwischen beiden Augen, jedoch nicht genau in der Mitte, sondern etwas höher. Sie können es folgendermaßen finden: Die knöchernen Bögen entlang der oberen Ränder der Augenhöhlen bis in die Augenbrauen hinein sind meist als zwei kleine Wülste unter der Haut zu spüren. Ziehen Sie diese Bögen mit beiden Zeigefingern nach. Am höchsten Punkt der beiden Wülste – meist leicht oberhalb der Augenbrauen – führen Sie dann Ihre Zeigefinger waagerecht in einer geraden Linie zur Mitte der Stirn zusammen. Genau in der Mitte zwischen den Scheiteln der beiden Bögen beginnt das Dritte Auge und erstreckt sich weiter nach oben. Sie können es als eine Art leichter Vertiefung fühlen, die nicht unbedingt kreisrund, sondern meist oval ist und sogar eine abgerundete Rhombenform erreichen kann.

Größe individuell
verschieden

Wie bei den übrigen äußeren Sinnesorganen ist auch die Größe des Dritten Auges individuell verschieden und reicht normalerweise von Pfennig- bis zu Fünfmarkstückgröße. Auch die äußere Form ist so unterschiedlich wie die der Nase, Ohren oder Augen. Gleichbleibend sind nur die Lage am Körper und die Funktionsweise. Form und Größe des Dritten Auges haben nichts mit seiner Funktionstüchtigkeit oder Leistungsfähigkeit zu tun.

Jetzt wird vielleicht auch deutlich, warum sich das zum äußeren Organ gehörende innere Organ im Kopfbereich befinden muß. Alle unsere Sinnesorgane sind nämlich ökonomisch aufgebaut, es gibt kein langes Weiterleiten an weit entfernte Orte. Das innere Organ liegt in der Regel in unmittelbarer Nähe des äußeren Organs. Das innere Organ des sechsten Sinnes wird aber einen deutlich anderen Aufbau haben, als beispielsweise Augen, Ohren und Nase. Schon beim Tastsinn, der ja mit seinem äußeren Organ, den Nervenenden in der Haut, über den ganzen Körper verteilt ist, zeigt sich, wie verschieden Sinnesorgane aufgebaut sein können. Zumindest kennen wir nun das äußere Organ des sechsten Sinnes. Für alle bewussten Wahrnehmungen auf diesem Gebiet sollten wir uns also auf das Dritte Auge konzentrieren, denn mit geschlossenen Augen können wir nichts sehen, und mit geschlossenem Dritten Auge können wir eben auch nichts intuitiv wahrnehmen!

Das Dritte Auge lässt sich trainieren

Im Übungsteil finden Sie die Basis-Atemübung, mit der sich das Dritte Auge öffnen lässt. Wenn Sie dies lange genug geübt haben, kann es genau wie die anderen Sinnesorgane nach einiger Zeit auch Ihrem bewussten Willen gehorchen und sich öffnen, weil Sie gerade etwas damit wahrnehmen möchten. Dies geschieht wie bei unseren Augen, die sich automatisch auf ein Objekt ausrichten, indem sie unserem Willen folgen. So kann es später auch mit dem Dritten Auge sein, wenn es sich integriert hat.

Zunächst einmal müssen wir jedoch diese Art des Schauens lernen und uns daran gewöhnen, sie mit unserem Willen zu koordinieren. Das läßt sich bei Säuglingen gut beobachten, die auch erst lernen müssen, gezielt zu gucken. Sie haben anfangs mit einem bunten Wirrwarr von Bildern zu kämpfen, die sie noch nicht unter Kontrolle bringen können. Später richten sich dann die Augen aus, und wir sehen, wie sie sie willentlich steuern. Sie haben es schlicht durch Übung gelernt. Ebenso geht es uns mit dem Dritten Auge. Wir müssen erst lernen, es zu öffnen und dann mit unserem Willen zu koordinieren. Danach wird es sich auch ganz leicht mit dem Bewusstsein lenken lassen, wie die anderen Sinnesorgane auch. Alle Übungen mit dem Dritten Auge werden zunächst mit geschlossenen Augen durchgeführt, damit wir lernen, die Konzentration auf diese sechste Wahrnehmung zu lenken. Wir schließen ja auch die Augen, wenn wir ein schönes Musikstück intensiv genießen und eben nur hören möchten. Bildeindrücke durch die Augen würden uns nur ablenken. So verhält es sich auch mit dem Dritten Auge. Wenn wir uns nur darauf konzentrieren und die anderen Sinnesorgane so weit wie möglich „ausschalten", können wir die sechste Wahrnehmung erst richtig kennenlernen und konzentriert erleben. Später wird es natürlich möglich sein, kombiniert mit allen anderen Sinneseindrücken auch Wahrnehmungen des sechsten Sinnes zu erleben. Doch wie beim konzentrierten Hören mit geschlossenen Augen wird auch diese Art der Wahrnehmung „pur" immer am intensivsten erlebt.

„Pur" am intensivsten

Sechster Sinn und Intuition

Die sechste Wahrnehmungsfähigkeit und intuitives Erleben sind im Grunde zwei Bezeichnungen für dieselbe Sache. Während „der sechste Sinn" eher eine umgangssprachliche Bezeichnung ist, wird „Intuition" in der Literatur und den Geisteswissenschaften verwandt. Beide Begriffe meinen das plötzliche, unmittelbare und meist unerwartete Erkennen und Erleben von Einsichten bis Weitsichten, die vom Verstand her nicht erklärlich sind.

Im allgemeinen Sprachgebrauch wird unter dem „sechsten Sinn" ein vorausahnendes Gefühl verstanden, das keine logisch oder sinnlich erkennbare Ursache hat. Vielfach wird „der sechste Sinn" auch mit einer Warnung vor unmittelbar drohender Gefahr in Verbindung gebracht: „Mein sechster Sinn sagte mir: ‚Geh da jetzt nicht rein', und zwei Sekunden später fiel der Schuss." In solchen oder auch weniger dramatischen Situationen erleben Menschen im Alltag den sechsten Sinn. Es kommt vielleicht nicht häufig vor, dass der sechste Sinn bewusst erlebt wird, aber wir wissen, was damit gemeint ist, wenn wir eine derartige Beschreibung hören. Dieses überraschende Auftreten des sechsten Sinnes in unserem Leben ist im Grunde immer zu unserem Schutz. Wir wissen, dass unser sechster Sinn, wenn er sich „meldet", es im Prinzip immer gut mit uns meint. In der Sprache ist oft mehr enthalten, als wir denken. In der typischen Formulierung „Da meldete sich mein sechster Sinn" steckt viel Wahrheit. Er meldete sich tatsächlich und machte sich im Bewusstsein bemerkbar. Menschen, die ihren sechsten Sinn schon einmal aktiv erlebt haben, sind darauf meist sogar ein bißchen stolz und fühlen sich als et-

Oft nicht bewusst erlebt

Sprache zeigt Einstellung zum sechsten Sinn

was Besonderes. „Ich habe eben einen sechsten Sinn!", wird so manche unlogische Entscheidung dann in der Folge begründet. Und das ist tatsächlich oft der wahre Zusammenhang. Der Unterschied ist nur, dass damit im Allgemeinen die Ansicht ausgedrückt wird, nicht jeder habe einen sechsten Sinn, sondern eben nur manche besonders Bevorzugte. Hier zeigt die Sprache, welche Einstellung wir zum sechsten Sinn haben.

Bisweilen wird der sechste Sinn in der Alltagsprache auch für positive Vorahnungen verwandt, etwa bei dem Gefühl, irgendwo unbedingt hingehen zu müssen und dann dort tatsächlich eine positive Überraschung zu erleben. Dabei geht es eben nicht nur um Fälle, in denen wir durch diesen unbegründbaren Zwang, uns an einen bestimmten Ort begeben zu müssen, einem Menschen in letzter Sekunde das Leben retten, sondern in denen wir auch glückhafte Begegnungen haben können.

Während der „sechste Sinn" im allgemeinen Sprachgebrauch tendenziell dennoch mehr als warnende, vor Schaden bewahrende Stimme gilt, wird die Intuition in der Literatur oft zu einer mystischen, schicksalhaften Kraft des Vorhersehens. Intuitiv erahnt ein Romanheld, wie sich sein Schicksal, das er einen Moment lang klar erkennt, erfüllen wird. Dabei handelt es sich oft um dramatische Wendungen, die sowohl negativ als auch positiv sein können. Läßt man die literarische Dramatik beiseite, entpuppt sich auch diese Art von Intuition als Vorahnung entsprechend dem sechsten Sinn in der Umgangssprache.

In beiden Versionen ist eine Art Voraussicht, eine Form von „in die Zukunft schauen" gemeint, und vielleicht macht uns genau diese Fähigkeit des sechsten Sinnes derart zu schaffen, dass wir ihn lieber meiden als anwenden. Es ist uns wohl unheimlich, dass plötzlich etwas funktioniert, was unseren anderen Sinnen so ganz und gar unzugänglich ist. Dabei stimmt es tatsächlich, dass der sechste Sinn den Blick nach vorn in die Zeit zu öffnen vermag, doch liegt hier ein ganz anderer Zusammenhang vor. Er überwindet nicht auf mysteriöse Weise die Zeit, sondern die Zeit gehört gar nicht zu seinen Eigenschaften oder Rahmenbedingungen.

Blick nach vorn in die Zeit

Dieses seltsame „in die Zukunft" Schauen des sechsten Sinnes wird noch dadurch verstärkt, dass dies nicht an den Ort gebunden ist. Wir erleben den sechsten Sinn als Voraussicht, und diese kann auch einen Ort betreffen, an dem wir uns selbst im Moment gar nicht befinden!

Eine Frau „sah" plötzlich, dass ihre Mutter, die drei Straßen weiter wohnte, von der Trittleiter fiel. Ohne zu überlegen, warum und wieso sie dieses Ereignis „sah", während sie selbst ganz woanders einkaufen war, raste sie zur Wohnung ihrer Mutter. Dort kam sie gerade rechtzeitig, um die alte Dame aufzufangen, die erst jetzt wirklich von der Trittleiter fiel, weil sie gerade Gardinen aufhängen wollte. Auf dem Boden neben der Trittleiter befand sich ein aufrecht stehender Schaschlikspieß aus Metall, über den ein dünnes Geschirrhandtuch geworfen war. Die alte Dame hatte damit zuvor zwischen den einzelnen Rippen des Heizkörpers den Staub herausgewischt. Die Heizung befand sich direkt unter dem Fenster, wo sie nun die frisch gewaschenen Gardinen aufhängte. Sie hatte einfach vergessen, den Schaschlikspieß wegzulegen, der sie mit Sicherheit durchbohrt hätte, wenn ihre Tochter nicht rechtzeitig durch ihren sechsten Sinn herbeigerufen worden wäre. Dinge dieser Art ereignen sich jeden Tag und sind gar nicht so selten, wie wir vielleicht meinen. Dieser Fall

Ohne Raum und Zeit ist sehr typisch und zeigt, dass der sechste Sinn nicht nur die Zeit, sondern auch den Raum überwinden kann, also nicht an den Ort gebunden ist, an dem wir uns gerade befinden.

Diese erstaunliche Eigenschaft unserer Intuition ist es, die uns im Allgemeinen hindert, einen stärkeren Zugang zu unserer sechsten Wahrnehmung zu suchen. Dieses Potential könnten wir auch segensreich für unser Leben nutzen! Warum sollte uns vor etwas gruseln, das doch erwiesenermaßen hilfreich und beschützend wirken kann?

Eine Kombination aus den fünf Sinnen und doch nicht

Oft wird die Frage gestellt, warum die innere Wahrnehmung ebenfalls die Prägung der fünf Außensinne hat und nicht noch eine ganz andere Wahrnehmungsqualität aufweist. Das ist eine gute Frage! Die Antwort besteht aus zwei Teilen:

1. Zunächst einmal ist unser menschliches Bewusstsein so „gebaut", daß es nur diese fünf Arten von Eindrücken wahrnehmen kann. Wir verfügen zum Beispiel nicht über die Ultraschallortung der Fledermäuse oder die Orientierungsfähigkeit der Zugvögel. Daher nehmen wir auch diese Dimensionen nicht wahr. An die Wahrnehmungsfähigkeit des Bewusstseins, das heißt unseres Gehirns, ist auch die Intuition gebunden, und dies nicht, weil sie uns nicht mehr mitzuteilen hat, sondern weil wir nichts außerhalb des vorgegebenen Fünf-Sinne-Schemas wahrnehmen würden! Möglicherweise übermittelt uns ja die Intuition noch ganz andere Informationen, die aber außerhalb unserer angeborenen Möglichkeiten liegen und die wir daher auch nicht bewusst wahrnehmen können – ähnlich wie laute, schrille Schreie im Hochfrequenzbereich, ausgestoßen von Fledermäusen, die Luft durchziehen, während wir die Stille des Abends genießen. Wir können sie schlichtweg nicht hören, weil wir nicht in der Lage sind, Informationen zu verarbeiten, die außerhalb der vorgegebenen Bereiche unserer fünf Sinne liegen. Insofern nehmen wir unsere Welt auch in der Innensicht nur durch den Filter dieser fünf Kategorien wahr, unabhängig davon, ob die Intuition uns unter Umständen noch sehr viel mehr Material zu bieten hätte. So erleben wir Intuition oder intuitive Bewertungen eben auch durch Geräusche, Bilder, Tastempfindungen, Gerüche und Geschmackseindrücke. Diese Eindrücke sind aber nur das Transportmedium für den intuitiven Inhalt, die Verpackung für das eigentliche intuitive Erlebnis.

2. Die Intuition hat eine deutlich andere Wahrnehmungsqualität. Sie wird von Emotionen getragen. Die Grundlage jeder intuitiven Wahrnehmung besteht aus Eindrücken von emotionaler Qualität oder Färbung. Diese Gefühlsprägung der intuitiven Wahrnehmungen ist eine Art Bewertungsmaßstab der Seele oder auch die Innensicht der Dinge. Die feinen emotionalen

An das Bewusstsein gebunden

Von Emotionen getragen

31

Differenzierungen vermitteln uns stets ein genaues Bild über die Erlebnisqualität und damit eine unmittelbare Bedeutung. Ist etwas gut für uns oder schlecht, ist etwas wichtig oder unwichtig, befinden wir uns auf dem Irrweg oder trotz anderem äußeren Anschein genau auf dem richtigen Weg – all diese Bewertungen vermittelt uns die Intuition.

Intuitive Wertung, Verstand und Gefühl

Auch unser Bewusstsein und unser Verstand bewerten. Doch leider irren sich beide genau so häufig wie sie Recht haben, denn der Verstand, die aktive Logik, ist nur eine Art Rechenzentrum – durchaus notwendig, sinnvoll und wertvoll, aber begrenzt. Die Grenze liegt dort, wo grundlegende Bewertungen auftreten, da kann uns die Logik oder der Verstand auch nicht weiterhelfen. Logische, vom Verstand geleitete Überlegungen und deren Ergebnisse haben keine emotionale Qualität!

Sie sind einfach nur Berechnungen. Ob jedoch etwas wahr ist, ob es gut oder richtig für unser Leben ist, läßt sich nicht unbedingt berechnen. Diese Bewertungen liegen jenseits der Logik und des Verstandes. Und genau für diesen Bereich ist die Intuition zuständig.

Erfahrungen oder Sinneseindrücke bewusst zu überdenken, miteinander zu vergleichen und daraus unsere Schlüsse zu ziehen, sind logische Arbeiten des Verstandes und sinnvoll, um eine Ordnung und formale Bezüge herzustellen. Aber auch wenn wir meinen, dies sei die einzige Art, unser Leben sinnvoll zu planen und zu bewältigen, ist dem nicht so. Die emotionale Bewertung eines Sachverhalts oder einer Situation kann oft ganz anders aussehen und sogar der Logik zuwiderlaufen. Die daraus resultierenden inneren Konflikte sind zwar nicht zu vermeiden, werden jedoch um vieles leichter, wenn wir bewusst erkennen, daß es sich dabei um einen Konflikt zwischen Verstand und Intuition handelt.

Je genauer und konsequenter wir bewusst mit dem Verstand arbeiten, um so deutlicher wird der Unterschied. Schwieriger wird es, zumindest am Anfang, Emotionen des Unterbewusstseins von

Der Verstand ist nicht das Einzige

Emotionen der intuitiven Erlebnisse zu trennen. Die Psychologie unterscheidet traditionell zwischen einfachsten elementaren Emotionen und den sozial erlernten Emotionen. Die Basisemotionen sind Begleiter der äußeren Sinneseindrücke, wie Wärme, Schmerz, Druck, Lautstärke und den Varianten von bitter und süß des Geruchs- und Geschmacksinns. Strenggenommen gehören diese einfachsten Emotionen zur Grundausstattung aller Säugetiere. Sie sind Impressionen, die direkt an die Sinneseindrücke gekoppelt sind. Damit verbunden sind einfache emotionale Kategorisierungen wie „angenehm" oder „abstoßend" und deren genauere Varianten. Diese Basisemotionen, die mit den äußeren Sinneseindrücken gekoppelt sind, bewerten deren körperliche Zuträglichkeit und erlauben eine erste Orientierung in unseren Lebensumständen.

Hinzu kommen erlernte emotionale Bewertungen, etwa Aussagen wie „Rosa ist eine schöne, angenehme Farbe" oder „Es ist gut, klassische Musik zu hören". Diese anerzogenen Bewertungen prä-

Elementare und erlernte Emotionen …

gen im allgemeinen unserer Unterbewusstsein und bringen uns dazu, das Leben auf bestimmte Art und Weise zu gestalten. Ob diesen anerzogenen Bewertungen im Erwachsenenleben zugestimmt wird oder ob sie abgelehnt werden, spielt zunächst noch keine Rolle, denn auch eine den gelernten Werten entgegengesetzte Lebensführung ist eine Reaktion auf diese unbewussten Grundmuster. Mit diesem Problembereich der erlernten Werte setzt sich hauptsächlich die klassische Psychologie auseinander.

Für unseren Zusammenhang ist es wichtig, sich bewusst zu machen, dass wir eine ganze Reihe dieser erlernten Werte in uns tragen. Diese antrainierten Bewertungsraster werden „automatisch" bestimmten Dingen, Menschen oder Ereignissen zugeordnet. Ergänzt oder verändert wird dieses Schema durch Erfahrungswerte, die wir im Laufe unseres Lebens sammeln.

… werden automatisch zugeordnet

Sie entstehen aus dem unbewussten, aber vom Verstand gesteuerten Vergleichen der erlernten Werte mit hinzukommenden Erfahrungswerten. Differenzen in den Bewertungen machen uns zu schaffen und prägen den größten Teil der Gespräche, die wir mit anderen Menschen führen: „Siehst du das auch so?", „Was meinst du dazu?", „Irre ich mich?" oder „Wer hat denn nun Recht?" sind typische Fragen, die wir uns und unseren Mitmenschen stellen, wenn erlernte Werte und Erfahrungswerte miteinander in Konflikt geraten. Dennoch handelt es sich hierbei immer noch um ein reines Vergleichen, Abwägen und Bilden neuer Mengen, also um reine Verstandesleistungen, auch wenn es uns viel Zeit und Kraft kostet.

Wir verwechseln die Emotionsklassen

Die emotionalen Bewertungen und Erlebnisse der Intuition haben mit den erlernten Werten oder den Erfahrungswerten nichts zu tun. Diese Trennung zwischen den verschiedenen Kategorien emotionaler Bewertungen muß bewusst erkannt werden, wenn wir unsere Intuition bewusst und deutlich unterscheidbar einsetzen möchten. Dennoch wird es immer wieder geschehen, dass wir diese Klassen von Emotionen vermischen und verwechseln. Das ist nichts Verwerfliches, denn meist haben wir ja nicht gelernt, intuitive Wahrnehmungen von unserem Psychoprogramm zu unterscheiden. Später, nach dem bewussten Training der Intuition, werden wir erlernte Werte und intuitive Bewertungen ebenso unterscheiden können, wie wir schon jetzt Hören und Tasten unterscheiden können.

Intuitive Werturteile sind zwar auch Emotionen, aber sie haben einen anderen Ursprung und daher auch einen ganz anderen Stellenwert. Die psychologischen Gefühlsbewertungen sind eine Form der Verarbeitung und Klassifizierung äußerer Sinneseindrücke. Die intuitiven Bewertungen stützen sich auf das Wahrnehmen des Inneren, des Kerns, des Wesens der Dinge, Menschen und Situationen. Intuitive Urteile haben einen anderen Ursprung, weil sie sich nicht mit den äußeren Sinnesdaten, sondern mit den inneren Sinneseindrücken befassen:

▶ Die intuitive Färbung eines Sinneseindrucks durch Emotionen transportiert die seelische Bewertung innerer Wahrnehmungen.

▶ Die Intuition ist eine urteilende oder beurteilende Kraft.

▶ Die Beurteilungen der Intuition, die sich in begleitenden Gefühlen ausdrücken, sind sehr präzise!

▶ Die Intuition kann als einzige Sinneskraft tatsächlich Wahrheit und Täuschung erkennen.

▶ Die Intuition macht Wahrheiten erlebbar! Wir empfinden Wahrheiten nur durch Intuition. Die Daten der Außensinne werden wie in einem Computer verarbeitet, und die daraus entstehenden Urteile sind lediglich Wahrscheinlichkeitsrechnungen und Hochrechnungen, die nichts mit wahr oder falsch zu tun haben.

▶ Erlernte Werte und Erfahrungswerte sind zwar auch Emotionen, kommen aber ebenfalls aus dem Prozeß des Vergleichens und Hochrechnens.

▶ Intuitive Beurteilungen brauchen weder erlernte noch erfahrene Vor-Urteile. Sie erfolgen unmittelbar und sind rein als sie selbst empfindbar.

▶ Da bei intuitiven Bewertungen kein Vergleichen, Hochrechnen oder Bilden neuer Mengen erforderlich ist, entstehen intuitive Urteile auch schneller als Erfahrungsurteile. Daran ist intuitive

MERKE

Intuitive Bewertungen können als Emotionen höherer Ordnung klassifiziert werden und haben ein ganz eigenes Gepräge.

Intuition als urteilende Kraft

35

Beurteilung gut zu erkennen: Sie ist ohne Zögern parat. Meist versuchen wir dann im Nachhinein, Begründungen dafür zu finden. Doch faktisch ist dieses intuitive Urteil ohne die künstlichen, nachträglichen Begründungen entstanden.

Nichts ist umfassender als der sechste Sinn

Nichts ist umfassender als der sechste Sinn. In einem intuitiven Urteil sind immer gleichzeitig alle Aspekte präsent und miteinander in eben diesem emotionalen Urteil verschmolzen. Das Urteilen anhand angelernter Bewertungen benötigt immer einige Zeit, um zu sezieren, Aspekte zu trennen und zu vergleichen, und es kommt erst langsam und mühselig zu einer Einschätzung, die aber eben letztlich nur eine „Schätzung" im Sinne einer Hochrechnung ist. Intuition hingegen braucht nicht zu berechnen, sondern nimmt das Wesen, den Kern eines Sachverhalts oder einer Situation als ganzheitliche Empfindung wahr.

Oft wird der sechste Sinn auch nur als ein starker unmittelbarer Impuls ohne weitere Zutaten erlebt. In seinem berühmten Klassiker „Die Brücke von San Luis Rey" zum Beispiel beschreibt Thornton Wilder diese Art impulshafter Intuition: Eine Gruppe von Menschen geht auf eine Hängebrücke zu, die eine tiefe Schlucht überquert. Einige Personen dieser Gruppe erleben einen unmittelbaren, starken und unbegründeten Impuls, sozusagen den sechsten Sinn pur. Sie schrecken deshalb vor dem Gang auf die Hängebrücke zurück und können, gebremst durch diese übermächtige Empfindung, nicht gehen. Wie erstarrt durch ihr emotionales „Stopp"-Erlebnis bleiben sie zurück. Die Hängebrücke stürzt natürlich wenige Sekunden später in den Abgrund, mir ihr die Menschen ohne intuitives „Stopp". Die Erklärungen, Begründungen und Recherchen des Autors füllen den Roman. Es stellt sich heraus, dass die durch Intuition gestoppten Menschen noch nicht „dran" waren, in ihrem Leben noch etwas Wichtiges zu erledigen hatten. Die Abgestürzten hingegen haben genau an dieser Stelle ihren Lebenskreis abgeschlossen. Nun sollte uns dieser Roman nicht zu einer fatalistischen Begründung für schlimme Unfälle führen, sondern lediglich bildhaft zeigen, dass die Intuition viel schneller, präziser und zuverlässiger ist, als unsere anderen Sinne und die daraus entstehenden Beurteilungen. Es hätte Jahre gedauert, um die Frage „Gehe ich über diese Brücke oder nicht?" zu entscheiden, hätte man alle Aspekte eines Lebens durchleuchten, vergleichen, errechnen und neu zusammenfügen wollen. Und dennoch wäre am Schluss das vergleichende Erfahrungsurteil nur eine Hochrechnung gewesen, die uns nichts, aber auch absolut nichts darüber sagen könnte, ob es für eine bestimmte Person nun richtig oder falsch wäre, jetzt abzustürzen.

Diese dramatische Geschichte verdeutlicht, dass Intuition nicht nur wesentlich und entscheidend schneller sein kann, als jede andere Beurteilung, sondern sie kann Urteile bewirken, die unsere anderen Verarbeitungsmechanismen gar nicht fällen können! Wir meinen zwar manchmal, eindeutige, unfehlbare Verstandesurteile fällen zu können, aber nur, weil eine Fülle gleicher Erfahrungen, diese Meinung zu dem wahrscheinlichsten Hochrechnungsergebnis macht.

Unmittelbar als wahr erleben können wir nur intuitive Urteile. Und letztlich kann uns nur die Intuition eindeutige, zutreffende Urteile im Sinne eines „Die-Wahrheit-Wissens" liefern.

Das Intuitive Erlebnis

Das intuitive Erlebnis zeichnet sich als unmittelbares, ohne Zeitverzögerung empfundenes, eindeutiges Urteil aus. Hier können wir Wahrheit, Sinn oder echte Bedeutung erleben und dadurch erkennen. Es gibt in der menschlichen Seele im Grunde nur diese eine Möglichkeit, Wahrheit jenseits jeden Zweifels als eindeutig zu erleben. Bewertungen, die aus anderen Quellen kommen, sind immer nur Ersatz für das eine, wirklich wahre Urteil.

Unmittelbares, eindeutiges Urteil

Die Hochrechnungen des Verstandes haben in unserem Alltag sehr häufig den Platz der Intuition eingenommen. Nicht, weil der Verstand sich vorwitzig vorgedrängelt hätte, sondern weil wir ihn dazu zwingen. Seine gesellschaftliche Überbewertung hat es uns zur Gewohnheit gemacht, mit dem Verstand, statt mit der Intuition zu urteilen! Es ist, als wolle man versuchen, mit dem Tastsinn zu sehen. Für Blinde hat sich dies als sehr nützlich erwiesen, um das Fehlen eines Sinnes zu überbrücken. Doch warum überbrücken wir mit den Hochrechnungen des Verstandes die intuitiv eindeutigen Urteile? Uns fehlt der sechste Sinn doch nicht! Und dennoch benutzen wir den Verstand wie eine Blindenschrift, obwohl wir eigentlich sehen könnten.

In der Art der intuitiven Empfindung liegt das Urteil selbst. Der sechste Sinn, der sich in extremen Situationen in unser Alltagsbewusstsein schaltet, meldet meist Gefahren. Er will uns schützen und helfen, einer Gefahr auszuweichen. Doch neben diesen dramatischen Gefühlen, wie der Warnung vor einer Gefahr, kann die Intuition uns emotional alle möglichen Beurteilungen vermitteln, wenn wir sie nur lassen. Wir können im Grunde alles, ob Dinge, Menschen oder Situationen, intuitiv durchfühlen, um ein unmittelbares Gefühlserlebnis zu haben, dessen Bedeutung sich sofort erfassen läßt. Wir sind es bloß nicht gewohnt, uns in Situationen, Menschen, Dinge „hineinzufühlen". In modernen psychologischen Verfahren wird dies manchmal schon praktiziert. Patienten werden aufgefordert „zu erfühlen", was sie wirklich meinen oder möchten. Dabei wird, ob nun bewusst oder nicht, an die Intuition appelliert, denn genau dort und nur dort, sind die eindeutigen Urteile zu finden.

Wenn wir die Intuition nur lassen

Wenn wir also vom intuitiven Wahrnehmen oder sechsten Sinn sprechen, suggerieren diese Formulierungen so etwas wie eine zusätzliche Sinnes-Wahrnehmung. Das ist aber nicht wirklich der Fall. Wir erleben ein wahres, eindeutiges Urteil unserer Seele. Im Reich der Intuition hören Diskussionen, Meinungsunterschiede oder Hochrechnungen auf. Hier herrschen Eindeutigkeit, Unmittelbarkeit und Wahrheit.

Dennoch werden diese urteilenden Empfindungen oft begleitet von Bildern, Geräuschen, Tastempfindungen, Gerüchen oder Geschmackseindrücken: Die Eindrücke der fünf Sinne innerhalb einer sechsten Wahrnehmung begleiten das intuitive emotionale Erlebnis, damit wir besser verstehen und das Gemeinte überdeutlich wird! Umgekehrt brauchen wir innere Bilder, Geräusche, Tast-, Geruchs- und Geschmackseindrücke auch, um unserer Intuition eindeutig zeigen zu können, welche Situation, welchen Menschen oder auch welche Sache wir intuitiv bewertet haben möchten.

Bei intuitiver Beurteilung von Ideen oder Zuständen, die eigentlich keine konkreten fünfsinnlichen Eindrücke mit sich bringen, wie zum Beispiel „Lebensaufgabe" oder „Liebe", geschieht Folgendes: Die Intuition kann uns diese Inhalte emotional eindeutig erleben lassen, versieht sie aber mit sinnlichen Eindrücken, damit wir sie auch eindeutig verstehen können. So wird die Intuition den Punkt „Lebensaufgabe" als erkennendes Erlebnis auch mit dem entsprechenden Sinnesmaterial in bildlicher oder akustischer Form ausstatten. So „sehen" oder „hören" wir dann unsere „Lebensaufgabe" zugleich mit der eindeutigen Empfindung, dass dies tatsächlich unsere „Lebensaufgabe" ist. Dabei kann ein intuitives Erlebnis auch mit Symbolen oder abstrakten Sinnesdaten ausgestattet sein. Wir „wissen" beim intuitiven Erleben auch sofort, ob beispielsweise ein Bild die Realität oder ein Symbol darstellen soll. Wir „wissen" dies emotional, ohne weiter darüber nachdenken zu müssen. Intuition ist in der Gestaltung der von ihr ausgelösten Erlebnisse immer sehr effektiv und kreativ und weiß, was der Einzelne unmittelbar am besten verstehen wird!

Die Lebensaufgabe erfassen

Das Zerlegen eines Ereignisses in Einzelteile beginnt meist hinterher, wenn wir uns fragen, wie so etwas geschehen konnte und welche weiteren Bestandteile in diesem Erlebnis enthalten waren. Wir zerlegen dann das intuitive Erlebnis mit unserem Verstand, um auch wirklich jede Kleinigkeit im Nachhinein bewußt erfassen zu können. Doch im Moment des Erlebens ist alles gleichzeitig und unmittelbar präsent.

Da wir dieses unmittelbare intuitive Erlebnis fast immer nur aus plötzlichen Eingriffen unseres sechsten Sinnes in den Alltag kennen, erscheint die Vorstellung seltsam, ständig, bewusst, absichtlich und gezielt intuitiv erleben zu können. Nun, diese Möglichkeit besteht dennoch, und ihr dienen die Übungen im zweiten Teil

Aktives und passives Üben

des Buches. Das aktive innere Sich-Vorstellen bestimmter Gegenstände, Menschen und Situationen soll trainieren, die Intuition auf das zu richten, worüber wir ein wahres Urteil wünschen. Die passive Variante übt das Loslassen, damit die Intuition uns auch das unmittelbare Erlebnis zuführen kann, denn die emotionale Beurteilung sollen wir ja gerade nicht steuern, sondern erleben!

Für die Intuition ist es im Prinzip gleichgültig, ob wir uns mit etwas beschäftigen, das soeben vor unserer Nase geschieht oder ob wir uns diese Sache vor unserem inneren Auge vorstellen, denn Intuition beurteilt ja den Inhalt, das Wesen, sozusagen die Quintessenz. Insofern ist es gleichgültig, ob diese „Sache" nun innerlich visualisiert wird oder in der Außenwelt existiert. Dennoch

Inneres Visualisieren kommt zuerst

hat es sich beim Training der Intuition bewährt, sich zunächst auf das innere Visualisieren zu konzentrieren, da sonst leicht die Konzentration auf die sechste Wahrnehmung abhanden kommen könnte und unsere gewohnten Mechanismen, die fünf Sinne mit dem katalogisierenden Verstand, wieder einsetzen und die Intuition blockieren könnten. Später kann das intuitive Erleben direkt in der Außenwelt genutzt werden. Es empfiehlt sich jedoch, immer kurz die Augen zu schließen und bewusst das Dritte Auge zu aktivieren, damit die Intuition weiß, dass sie jetzt gefordert ist.

Manche unserer sogenannten spontanen Reaktionen sind intuitive Bewertungen. Wir empfinden unmittelbar eine unüberwindliche Abneigung gegen etwas, können aber keine Erklärung dafür finden. Oder wir stürzen hocherfreut in ein angenehmes Erlebnis, ohne nachzudenken. Alle diese Reaktionen ergeben sich sehr wahrscheinlich aus einem intuitiven, unmittelbaren Erleben, wobei dennoch überprüft werden muss, ob sie nicht nur aus unserem vorgeprägten Unterbewusstsein stammen. Den Unter-

Erste Merkmale der Intuition

schied kann eine nachträgliche Analyse oft klären. Erste Merkmale für eine intuitive Empfindung sind die Schnelligkeit und das Unmittelbare. Selbst Reaktionen aus dem Unterbewusstsein dauern zumindest Bruchteile von Sekunden, um Reaktionen zu aktivieren, doch die Intuition kennt keine Zeit, sie ist sofort vollkommen präsent.

Im intuitiven Erfassen einer Sache, eines Menschen oder einer Situation kommen daher im Grunde auch niemals Fehlurteile vor. Die Intuition erkennt immer den wahren Kern. Ob dabei die einzelnen Wahrheiten individueller oder allgemeiner Natur sind, lässt sich schwer sagen, da sie immer in ein ganz spezielles Erlebnis verpackt sind. Große Philosophen, wie zum Beispiel Sokrates, gingen davon aus, dass Wahrheiten unabhängig von uns als Einzelpersonen existieren würden und wir sie mit Hilfe der Intuition nur „schauen" würden. Indem wir unsere Seele öffnen würden, könnten wir die zeitlosen, unveränderlichen Wahrheiten ebenso wie die Ideen an sich erleben.

Sokrates: Wahrheit unabhängig vom Individuum

Viele Denker haben Sokrates im Laufe der Jahrhunderte Recht gegeben und seine intuitiven Erkenntnisse bestätigt. Andere zweifelten die Existenz allgemein gültiger Wahrheiten an und erklärten intuitive Erlebnisse zu individuellen Wahrheiten, die nur in der Seele jedes Einzelnen erwachen würden. Wie dem auch sei: Unbestritten ist das Erleben von Wahrheit als reiner Empfindung, und sicher ist, dass Intuition unser Bewusstsein um eine Qualität erweitert, die Wahrheit heißt.

Natürlich gibt es bei einem intuitiven Erlebnis manchmal auch Verzerrungen, wenn sich nämlich Urteile aus dem Bewusstsein oder Unterbewusstsein einmischen. Dies ist jedoch immer an der leichten zeitlichen Verzögerung zu erkennen, mit der diese Urteile hinzukommen. Zweifel oder Abwägen gibt es während des intuitiven Erlebens nicht. Etwas ist, wie es ist. Nicht mehr und nicht weniger. Auch nicht anders oder eventuell mal so oder mal so. Alles ist, wie es ist!

MERKE

Das intuitive Erlebnis offenbart uns den Inhalt, den Kern und das Wesen einer Sache. Wahrheit erleben, heißt eindeutig empfinden, dass etwas in seinem Wesenskern so und nicht anders ist!

Intuition und Kreativität

Eindeutigkeit im intuitiven Erlebnis und das Empfinden von Wahrheit, – eben das „So und nicht anders" – liegen wahrer Kreativität zugrunde. Viele Künstler beschreiben das Schaffen mit Hilfe der intuitiven Kraft als „‚Es' kreiert, nicht das ‚Ich' mit seinem Bewusstsein". Durch die Wahl des Wortes „Es" ist es allerdings vielfach zu Missverständnissen gekommen, da Intuition wieder mit

Intuition in der Kunst

dem Unterbewusstsein gleichgesetzt wurde. Doch hier bedeutet „Es" soviel wie „Es geschehen lassen", „Einfach schauend erleben", „Sich in der Kreativität führen lassen". Deshalb „wissen" Künstler auch oft so genau, wie beispielsweise ein Bild gemalt werden muss und wie sich ein Musikstück anhören oder ein Roman geschrieben werden muss. Es gibt in jenem Zustand intuitiven Erlebens eben nur eine innere Wahrheit, die ihren Ausdruck findet. Und genau darum geht es ja bei Kunst, alles andere wäre Dokumentation.

Goethe sagte über das intuitive Erleben, es sei „eine aus dem inneren Menschen sich entwickelnde Offenbarung". Wir können intuitives Erleben bewusst und absichtlich herbeiführen. Wir können auch passiv auf das Wirken der Intuition warten. Und wir können üben, mit Hilfe der Intuition mehr über das Wesen von Dingen, Situationen und Menschen und über Wahrheiten zu erfahren. Wie sich jedoch die Intuition entwickelt, wie sie in sich entsteht und woher sie letztlich kommt, ist kaum erklärbar. Die meisten Künstler und Denker, die sich mit der Herkunft der Intuition befasst haben und die Antworten vermutlich ebenfalls intuitiv erlebten, entrücken das intuitive Erleben in die Sphäre des Göttlichen, als wäre Intuition jener berühmte göttliche Funke in uns allen. Die Möglichkeit zur Überwindung der Beschränkungen unseres Lebens legt diese Interpretation in der Tat sehr nahe. Viele meist buddhistische Meditationstechniken, die der Erfassung des Göttlichen dienen, arbeiten mit reiner Intuition. Viele Zustände religiöser Entrückung sind nur im Zusammenhang mit Intuition zu verstehen. Teil des intuitiven Erlebens ist, dass es weder räumliche noch zeitliche Grenzen kennt.

Die Intuition scheint eine spezielle erkennende Kraft der Seele zu sein und damit ein Gegengewicht zu unseren körperlichen fünf Sinnen zu bilden. Ihr Ursprung lässt sich wohl nur individuell erleben. Das Phänomen des intuitiven Erlebens kann indessen beschrieben und praktiziert werden.

Der Zeitfaktor
Die Zeitdimension der Außensinne

Die Eindrücke der fünf Außensinne unterliegen einer festen Bindung in Raum und Zeit! Alle ihre Wahrnehmungen finden in der Gegenwart statt, im „Jetzt" werden Eindrücke der Außenwelt gesammelt. Das ist zumindest die erste Annahme. Sie stimmt jedoch nicht ganz, denn es besteht eine zeitliche Verzögerung zwischen sinnlichem Außenerlebnis und Aufnahme dieser Reize durch die Sinnesorgane. Beim Hören beispielsweise kann es sogar bis zu drei Sekunden dauern, bis wir einen entfernten lauten Knall mit den

MERKE

Intuitive Erkenntnis ist das unmittelbare Erfassen des Wesenskerns. Geistiges „Schauen" als unmittelbares Erfassen des Wesens einer Sache ist oft Grundlage künstlerischen Schaffens.

MERKE

Intuition wird manchmal auch als seelische Nabelschnur zur Ewigkeit beschrieben.

*Die fünf Sinne
kommen zu spät*

Ohren aufnehmen. Durch das jeweilige Raster der Sinnesorgane werden Eindrücke vorsortiert, bevor sie überhaupt ins Gehirn und damit in unser Bewusstsein gelangen. Eine Information von außen wird uns demnach erst Bruchteile von Sekunden später bewusst. Streng genommen nehmen wir die Außenwelt also immer mit einer, wenn auch minimalen, Zeitverzögerung wahr. Wir befinden uns nie exakt in der Gegenwart, sondern hinken mit unserem Bewusstsein immer ein paar Sekunden oder Bruchteile von Sekunden hinterher. Was wir als Gegenwart wahrnehmen, ist in Wahrheit schon Vergangenheit. Im Alltag spielt diese kleine Verzögerung kaum eine Rolle, außer in Situationen, in denen wir durch rascheres Reagieren beispielsweise einen Unfall hätten verhindern können. Durch die Konstruktion unserer sinnlichen Wahrnehmungen sind wir also zeitlich in der unmittelbaren Vergangenheit gefangen. Daran lässt sich auch nichts ändern, jedenfalls nicht mit den fünf Außensinnen. Wir haben uns so daran gewöhnt und meist noch nicht einmal darüber nachgedacht, dass wir diese unmittelbare Vergangenheit einfach als Gegenwart bezeichnen.

Dieses unausweichliche Verhaftetsein in der, wenn auch unmittelbaren, Vergangenheit macht es unserem Bewusstsein andererseits möglich, Erinnerungen so lebendig erscheinen zu lassen, als würden wir die Ereignisse gerade noch einmal durchleben. Unser sinnliches Bewusstsein und damit auch unser Speicher dieser Sinnesdaten befindet sich ja von Anfang an in der Vergangenheit, so dass wir die zeitliche Dimension gar nicht zu verlassen brauchen, wenn wir Erinnerungen wieder „aufleben" lassen wollen! Es handelt sich schließlich um dieselbe Zeitachse.

Die zeitliche Bindung an die Vergangenheit durch die fünf Außensinne läßt sich mit Hilfe dieser fünf Sinne nicht aufheben. Dies gelingt nur mit Hilfe des sechsten Sinnes.

Intuition als echte Gegenwart

Unser sechster Sinn ist auf die Innenwelt gerichtet und insofern von der zeitlich verzögerten Übermittlung von Sinnesdaten unabhängig. Was wir intuitiv erleben, erleben wir direkt in der Gegenwart. Diese Unmittelbarkeit ist auch für jene „Visionen" verantwortlich, die manche Menschen vor einem Ereignis haben, das dann Sekunden später eintritt. Oft ist das bei bedrohlichen Situationen der Fall. So erleben viele Menschen kurz vor einem Unfall diesen scheinbar voraus und reagieren damit manchmal automatisch schneller und besser, als hätten sie erst auf die Eindrücke der fünf Außensinne gewartet. So mancher schlimme Unfall wurde auf diese Weise durch intuitive, unmittelbare Wahrnehmung verhindert! Es sind jene wertvollen Sekunden, die vergehen, bevor die Sinneseindrücke zu unseren Sinnesorganen, von da aus ins Gehirn als Schaltstelle für Reaktionsmechanismen und von dort aus über die Nerven wieder zu den Organen (meist Muskeln) gelangen, die dann die Reaktion ausführen. Die Intuition nimmt das Geschehen dagegen unmittelbar wahr, bevor es den sekundenlangen Weg über unsere körperlichen Instanzen nimmt, und kann Leben schützen.

Intuition ist echte Gegenwart

Zeitlosigkeit der Intuition

Intuitive Wahrnehmung kann jedoch nicht nur die Zeitverzögerung der anderen Sinne überspringen und auf diese Weise echte Gegenwart vermitteln, sondern ist im Grunde an keine zeitliche Dimension gebunden! Das mag sich zunächst abenteuerlich anhören, aber es gibt eine Erklärung dafür: In der Intuition, im Reich des Dritten Auges, auf dem Gebiet des sechsten Sinnes gibt es eigentlich überhaupt keine Zeit!

Ein Leben ohne Zeit ist für uns fast unvorstellbar, stehen wir doch mit dem Wecker auf, der uns frühmorgens zu festgelegter Zeit aus dem Reich der Träume holt, und den ganzen Tag blicken wir zigmal auf die Armbanduhr und sehen den Sekundenzeiger die Zeit vorantreiben. Doch die Zeit, wie wir sie kennen und für selbstverständlich halten, haben wir selbst definiert, um unser Leben einzuteilen, und uns dabei am Lauf der Erde um die Sonne orientiert. Diese Zeiteinteilung entsprang dem Bedürfnis, unsere Tage und letztlich unsere Lebensspanne messbar und berechenbar zu machen, sie greifen zu können, und um der Vergänglichkeit nicht schonungslos ausgeliefert zu sein.

Zeit – eine Definition des Menschen

*Zeit ist keine
Eigenschaft*

Die Zeit haftet jedoch nie als Eigenschaft an einem Gegenstand oder Ereignis. Sie ist nicht wirklich. Durch Intuition lassen sich Dinge oder Ereignisse unmittelbar, umfassend und ohne Verzögerung erleben, denn das innere Erleben enthält keine zeitliche Dimension. Nur weil wir den Standpunkt des von außen Beobachtenden einnehmen können, lässt sich auch unser künstliches Zeitschema auf Dinge oder Ereignisse legen, und wir können ihnen eine zeitliche Dimension verleihen, die sie ohne uns nicht hätten. Die Intuition als Wahrnehmung der Innenwelt kennt solche Zeitdimensionen dagegen nicht.

Der nächste Schritt ist dann auch einfacher zu verstehen: Die Sicht in die sogenannte Zukunft ist für die Intuition kein größeres Problem als ein Blick in die sogenannte Vergangenheit, denn für Wahrnehmungen des sechsten Sinnes gibt es nur die unmittelbare innere Erlebniswelt. Man könnte nun meinen, die Zeitdimension intuitiver Erlebnisse sei eine gewissermaßen fortwährende Gegenwart. Dieser Ansatz kann als gedankliches Hilfsmittel herangezogen werden, stimmt jedoch nicht ganz, denn wer Gegenwart festlegt, muss auch Vergangenheit und Zukunft

*Kontinuierlicher Strom
des Erlebens*

definieren. Und genau diesen Unterschied gibt es für die Welt der Intuition nicht. Alles ist ein kontinuierlicher Strom unmittelbaren Erlebens. Wenn etwas auf der Erde oder im Universum wie auch immer vorhanden und der Intuition als ganzheitliches Erlebnis zugänglich ist, spielt die von Menschen geschaffene, künstliche Zeit keine Rolle. So können künftige Ereignisse, die in irgendeiner Form bereits erlebbar sind, auch von der Intuition wahrgenommen werden, und zwar so, als fänden sie unmittelbar jetzt statt. Ebenso verhält es sich mit der Vergangenheit. Ereignisse der Vergangenheit können intuitiv so erlebt werden, als würden sie gerade in diesem Augenblick stattfinden.

Intuition ist im Gegensatz zu unseren fünf Außensinnen nicht an die faktische Existenz von Dingen oder Ereignissen vor Ort angewiesen. Ein Steinblock muß direkt vor unserer Nase liegen, damit wir ihn mit den fünf Sinnen wahrnehmen können – es nützt nichts, zu wissen, dass er irgendwo in Australien herumliegt.

Nicht so die Intuition. Unser sechster Sinn nimmt die Essenz der Dinge wahr. Essenz bedeutet das Wesen, das Innere, das Vollständige, den Kern, den Urgrund künftiger oder vergangener Existenz. Der Auftakt der Bibel „Im Anfang war das Wort, ...“ bedeutet übersetzt: Zuerst war die Essenz. Der komplette Satz würde lauten: „Zuerst war das Wort, welches die Existenz nach sich zog.“ Zuerst war Essenz, und danach begannen Dinge und Lebewesen nach der Vorlage der Essenz auch faktisch zu existieren.

Die Essenz der Dinge

Wir stehen mitten in einer über zwei Jahrtausende dauernden Betrachtung der erstaunlichen sechsten Sinnesfähigkeit des Menschen. Die berühmtesten Denker der Menschheit, von Sokrates über Descartes, Leibniz, Locke und Kant, haben viele ihrer Überlegungen dem Phänomen der Intuition gewidmet. Dies mag beruhigen, wenn Ihnen nicht sofort verständlich sein sollte, welche überraschenden Dimensionen der sechste Sinn offenbart.

Die räumliche Bindung der fünf Sinne

Unsere fünf Außensinne sind gefangen in der räumlichen Wahrnehmung von Tiefe, Breite und Höhe alles Existierenden. Wir haben sogar eine darauf abgestimmte Mathematik, mit der sich die räumliche Ausdehnung von Objekten genau berechnen lässt. Das sind wir gewohnt.

Nun haben scheinbar auch unsere inneren Wahrnehmungen eine räumliche Ausdehnung. Wenn wir beispielsweise in unserer inneren sechsten Wahrnehmung einen Würfel sehen, so hat auch er drei Dimensionen. Dies ist indessen nicht der Unterschied zu den fünf Außensinnen, denn unsere Auffassungsgabe ist ja an deren angeborene Raster gebunden.

Unsere Außensinne sehen die drei Dimensionen zunächst einmal verzerrt: Ein vom Betrachter weiter entferntes Objekt sieht kleiner aus als ein Objekt in seiner Nähe. Das macht unsere Einschätzung von Tiefe, Breite und Höhe oft fehlerhaft. Wir müssen immer erst um ein Objekt herumgehen oder komplizierte Messmethoden anwenden, um seine wirklichen äußeren Maße erfassen zu können. Diese räumliche Erfassung und Gebundenheit an

Intuition und räumliche Wahrnehmung

drei Dimensionen ist jedoch nicht gemeint, wenn wir sagen: Intuition ist nicht raumgebunden. Es geht vielmehr um die räumliche Anwesenheit vor unseren Außensinnen.

Um beispielsweise ein Auto mit allen fünf Außensinnen wahrnehmen zu können, muss es sich auch räumlich direkt vor uns befinden, sonst können wir es nicht erfassen bzw. „abtasten". Damit sind die fünf Außensinne auf einen relativ kleinen, jeweils verschieden großen räumlichen Radius um uns herum beschränkt. Unser Geschmacks-, Geruchs- oder Tastsinn beispielsweise muss erheblich näher an einem Objekt sein, als unsere Ohren, die Geräusche auch über längere Strecken empfangen können. Unsere Augen können sogar andere Planeten am Nachthimmel erkennen. Diese Entfernungen bleiben den anderen vier Außensinnen gänzlich unzugänglich. Dafür können unsere Augen nicht um die Ecke schauen, während das „Um-die-Ecke-Hören" für unsere Ohren kein großes Problem ist. Alle fünf Außensinne brauchen jedoch den direkten Kontakt mit entsprechenden Informationsträgern – Licht, Schall, Geruch oder Vibration – eines Objektes. Das muss der sechste Sinn nicht. Er ist nicht auf räumlichen Kontakt mit einem Objekt der Wahrnehmung, ja nicht einmal auf den Standort seines „Besitzers" angewiesen. Während die anderen fünf Sinne bei ihrer Informationsaufnahme von der räumlichen Ausrichtung durch ihren „Besitzer" abhängen, ist der sechste Sinn in dieser Hinsicht völlig unabhängig. Es scheint, als könne das Wesen, der Kern, der innerste Gehalt einer Sache, Person oder Situation räumlich und zeitlich unabhängig vom Ausgangspunkt des sechsten Sinnes wahrgenommen werden. Das ist sehr erstaunlich, denn es bedeutet das Fehlen von „Wellen" oder sonstiger andersartigen materieller Träger, die den Inhalt, das Wesen von etwas transportieren. Die Intuition erfasst dieses Innere direkt und ohne jede Übermittlung von Daten.

MERKE

Der sechste Sinn unterliegt keiner räumlichen, sondern einer mentalen Ausrichtung.

Intuition ist räumlich wie zeitlich gleichermaßen unabhängig. Ob ein Ereignis eben jetzt oder später stattfindet, oder ob es längst stattgefunden hat, kümmert die sechste Wahrnehmung wenig. Alles ist jetzt, alles ist gleichzeitig, alles ist präsent. Gleiches gilt für den Raum. Die Intuition kann ihren „Besitzer" eine Situation in ein und demselben Raum erleben lassen und im nächsten Moment, gesteuert durch das trainierte Bewusstsein, schon in Australien sein. Es geht hier nicht um bloße Phantasie, sondern um das faktische Erleben, sozusagen „vor Ort", aber am anderen Ende der Welt!

Sprünge in Raum und Zeit

Für die praktische Anwendung und bewusste Aktivierung der Intuition sollte zumindest bekannt sein, dass diese sechste Wahrnehmungskraft nicht durch Zeit und Raum beschränkt ist, und daher brauchen uns manche intuitiven Erlebnisse nicht zu wundern. Es ist einfach möglich – warum auch immer!

Vom unbewussten zum bewussten Umgang mit dem sechsten Sinn

Der plötzlich in unser Alltagsbewusstsein dringende sechste Sinn ist etwas, das wir kennen oder über das wir zumindest schon einmal gehört haben – lebensrettende Eingebungen, die sich wie schützende Hände um uns legen. Für die meisten Menschen sind es Ausnahmesituationen, einmalige und unerklärliche Phänomene, aber auch die einzigen Situationen, in denen sie Intuition bewusst erleben. Durch entsprechendes Training kann die Intuition jedoch zu einer bewussten Wahrnehmungskraft im Alltag werden, die nicht nur vor Gefahren bewahrt, sondern zu ganz neuen Erlebniswelten führen kann. Lassen Sie sich einmal bewusst von Ihrer Intuition führen, wenn Sie zum Beispiel in einem Restaurant die Speisekarte lesen. Zu welchem Gericht würde Ihre Intuition Ihnen diesmal raten? Oder Sie möchten einen Herbstspaziergang machen. Überlassen Sie Ihrer Intuition die Führung. Das ist sicher nicht nur spannend, sondern auch ein ganz neues Erlebnis. Öffnen Sie bewusst Ihr Drittes Auge, wie im Übungsteil beschrieben, und versuchen Sie an jeder Kreuzung, sich in eine Richtung ziehen zu lassen. Mal sehen, wo Sie ankommen!

Manche Menschen bedienen sich einer Vielzahl an Hilfsmitteln, um sich von ihrer Intuition führen zu lassen. Es gibt das Pendeln, das auf Fragen intuitiv gesteuerte Antworten geben kann, oder

Hilfsmittel für die Intuition

Kartenlegetechniken, die unsere inneren intuitiven Bewertungen sichtbar machen sollen. Sie können sicher hilfreich sein, solange Sie selbst aktiv sind. Ungünstig bei all diesen Hilfsmethoden ist nur, wenn Sie die Ausführung anderen Menschen überlassen, statt selbst aktiv mit Ihrer Intuition zu arbeiten. Schließlich geht es nicht darum, die Intuition der Kartenlegerin zu aktivieren, sondern Ihre eigene! Natürlich kann es interessant sein, die beiden intuitiven Eindrücke, also Ihre Intuition und die einer intuitiven Wahrsagerin zum Beispiel, zu vergleichen. Was aber nützt Ihnen das? So werden Sie auch nicht mit letzter Sicherheit erfahren, was wirklich richtig für Sie selbst ist. Sich auf die eigene Intuition zu verlassen, ist das Ziel. Das eigene Bewusstsein für intuitive Wahrnehmungen zu schärfen, ist das eigentliche Hilfsmittel. Erst wenn Sie selbst bewusst erleben, was wahr und richtig ist, haben Sie auch die Gewissheit, die jeder von uns manchmal braucht. Nur die eigene Intuition kann Zweifel ausräumen. Nur sie kann unsere persönlichen Wege im Leben genau kennen. Und nur sie ist die Seelenkraft, die es mit Sicherheit ausschließlich gut mit uns meint!

Jeder nutzt den sechsten Sinn – erstaunlicherweise

Im ganz normalen Alltag ist unser sechster Sinn längst tätig, jedoch ohne dass es uns bewusst werden muss. In all den kleinen Situationen, die unspektakulär erscheinen, führt uns unbemerkt und unbewusst unser sechster Sinn.

Der sechste Sinn arbeitet auch im Hintergrund

Wenn Sie beispielsweise ohne bestimmtes Ziel in einem Park spazierengehen und an einer Kreuzung die Wahl zwischen zwei Wegen haben, werden Sie manchmal spontan „irgendeinen" der beiden Wege wählen, ohne sich Gedanken über deren Länge zu machen oder sonstige verstandesgesteuerte Erwägungen anzustellen. Ohne darüber nachgedacht zu haben, hatten Sie vielleicht „einfach das Gefühl", dieser Weg wäre netter als jener.

Das ist eine der vielen kleinen, unbewussten, intuitiven Wertungen im Alltag! Die Intuition nutzt zumindest den kleinen Spielraum, den wir ihr unbewusst eingeräumt haben. Es ist nichts Aufsehen Erregendes geschehen, und doch hat Ihre Intuition Sie ein kleines Stück geführt. Sie haben es nicht bewusst als sechsten Sinn registriert, weil Sie es nicht als intuitiv, sondern als „spontan" eingeordnet haben. So sind viele kleine Dinge oder Ereignisse im Alltag, die wir anschließend als „spontan" oder „Zufall" einordnen, im Wahrheit rein intuitive Führungen.

Oder stellen Sie sich folgende Situation vor: Sie sind tausendmal an den auf der Fußmatte liegenden Zeitungen Ihrer Nachbarin vorbeigegangen. Sie kennen die Frau nur vom Sehen. Eines Tages klingeln Sie, um auf die Zeitungen aufmerksam zu machen, nicht aus Ärger, sondern einfach als Reaktion auf ein „spontanes Gefühl". „Zufällig" ist jene Nachbarin an diesem Tag zu Hause und lädt Sie zum Tee ein. Dabei erfahren Sie, dass sie Chiropraktikerin ist und Ihnen den seit Jahren verrenkten Nackenwirbel wieder einrenken könnte. Zufall? Wir sind es gewohnt diese Ereignisse so einzustufen. Versuchen Sie sich jedoch einmal vorzustellen, wie groß die Wahrscheinlichkeit ist, Ihrer Nachbarin tagsüber zu begegnen, mit ihr eine längere Unterhaltung beim Tee zu führen und das Gespräch dann auch noch auf ihren Beruf und den Nackenwirbel kommen zu lassen. Unmöglich ist es sicher nicht, aber auch nicht sehr wahrscheinlich. So verhält es sich mit sehr vielen kleinen Ereignissen im Leben, die bei genauerem Nachdenken und dem Berechnen von Wahrscheinlichkeiten erkennen ließen, dass da eine ganz andere Kraft im Spiel ist, nämlich die Intuition!

Eine ganz andere Kraft spielt mit

Da wir in der westlichen Welt kaum gewöhnt sind, uns von der Intuition führen zu lassen oder sie bewusst wahrzunehmen, weil sie als „spinnert" oder unheimlich diffamiert wurde, haben wir eine ganze Reihe netter Ausreden erfunden: Zufall, plötzliche Idee, Spontanität, „Ich hatte so ein Gefühl", „Ich weiß nicht, wieso ich das so gemacht habe" usw. Weil aber die unbewussten „Eingebungen" der Intuition uns schon so viel Gutes beschert haben, sollte ihrer bewussten Anwendung eigentlich nichts mehr im Weg stehen.

Etwas blockiert das fröhliche Training indessen noch: die Angst vor der Ungewissheit, die Unsicherheit vor dem, was man erleben wird. Könnte es nicht sein, dass uns die Intuition auch einmal zu Dingen oder Ereignissen führt, die nicht so angenehm wie der Weg im Park und so nett wie die Nachbarin sind? Ja, es kann durchaus sein, daß Sie mit der bewusst angewandten Intuition auch einmal schwierige Situationen erleben oder komplizierte Begegnungen haben werden. Das ändert aber nichts daran, dass Ihre Intuition es gut mit Ihnen meint, und zwar wirklich immer! Diese Wahrnehmungskraft der Seele wird Ihnen nie Schaden zufügen.

Die Intuition meint es gut mit mir!

Wir sind es gewohnt, immer nach den einfachen, angenehmen und unkomplizierten Dingen im Leben zu streben. Alles, was Schwierigkeiten macht, wird abgelehnt und gemieden, und das ist für unsere seelische Entwicklung nicht immer sinnvoll.

Informationen durch den sechsten Sinn

Wenn wir über erweiterte Wahrnehmungen durch den sechsten Sinn sprechen, sind die „Erlebnis-Informationen", die wir erhalten, nicht einfach nur „geheime" Daten, die wir sonst nicht bekämen. Es geht nicht darum, mit Hilfe der Intuition etwas auszuspionieren, das Sie nicht wissen dürften. Den Kontostand Ihres Nachbarn beispielsweise werden Sie nicht durch Intuition herausbekommen, und das ist sicher gut so. Jede Information, das heißt erlebte Wahrheit, die wir durch Intuition erhalten, hat etwas mit der seelischen Entwicklung, der seelischen Verfassung des Einzelnen zu tun.

Der sechste Sinn interessiert sich nicht für die materielle Seite des Lebens, sondern für den Inhalt, das Wesen, den Kern: Was bedeutet das überzogene Bankkonto für Ihren Nachbarn? Schmerz, Leid oder fröhliche Unbekümmertheit? Diese Gemützustände nämlich könnten Sie eventuell intuitiv wahrnehmen. Die Intuition wird Ihnen also keine Verpackungen zeigen, sondern deren Inhalt. Pausenlos stecken wir in irgendeinem seelischen Lernprogramm. Diese innere Entwicklung bringt uns weiter, lässt uns reifen, verändert uns und führt letztlich dazu, unsere innere Sicht der Welt zu erweitern, bis wir weise genug sind. Zumindest sollte das so sein.

Intuition zeigt Inhalte, keine Verpackungen

Aus der Sicht des Buddhismus ist die Schulung der Seele durch das irdische Dasein ein Grundthema und der Sinn jedes einzelnen Lebens. Vor dem Hintergrund westlicher Weltanschauungen macht die Intuition als seelische Kraft hingegen wenig Sinn. Warum sollte unsere Seele bestrebt sein, eifrig zu lernen und nach dem Guten, Wahren, Edlen und Schönen streben, wenn wir nach knapp 80 oder vielleicht 90 Jahren ohnehin unwiderruflich zu Staub zerfallen? Kein Kampf für ein besseres Leben, für Gerechtigkeit, Menschlichkeit oder andere überindividuelle Ziele macht Sinn, wenn wir nur etwa doppelt so lange leben wie ein Pferd und nichts, aber auch gar nichts davon mitnehmen. Wäre dies wirklich alles, was das Leben zu bieten hat, so wäre all unser Streben sinnlos, und wir müssten als Einzelkämpfer, Guerillas und Räuber nur dem eigenen Genuss leben und skrupellos alles niedermachen, was uns einen Tag Genuss kostet. Es gibt Menschen, die so leben und in blinder Zerstörungswut nur an ihren täglichen Genuss denken, ihn jedoch nie wirklich erleben werden, soweit sie nicht ohnedies früher oder später im Gefängnis oder in der Psychiatrie enden. In uns wirkt ein übergeordnetes, höheres Streben nach ganz anderen, zeitlosen Werten und Tugenden. Dieses innere Wissen kann nicht mit dem Dasein einer Eintagsfliege – dem menschlichen Leben in kosmischem Maßstab – verglichen werden.

Die westliche Welt hat ihre gedankliche Sackgasse des einen, begrenzten Lebens noch nicht überwunden, obwohl sich der Humanismus seit eh und je mit zeitlosen Werten beschäftigt. Diese beiden Grundsäulen westlichen Denkens passen wirklich nicht zusammen, offenbar mühen sich die Denker jedoch lieber mit diesem sich ausschließenden Widerspruch ab, als zuzugeben, dass eine der Voraussetzungen falsch sein muss.

Die westliche Welt in der Sackgasse

Zurück zu dem buddhistischen Erklärungsmodell, das uns sehr viel weiter helfen kann, wenn wir wissen möchten, welche Informationen uns die Intuition liefern kann, denn das intuitive Streben der Seele nach Wahrheit und Bewusstseinserweiterung ergibt im Buddhismus einen Sinn. Wir durchwandern die einzelnen

Etappen des großen Lernprogramms, das uns am Ende zur vollständigen Erleuchtung führen soll. Wieviele Leben wir dazu brauchen, ist individuell verschieden, und das Tempo kann nicht durch äußere Schnelligkeit forciert werden. Wir können nur versuchen, uns durch Bewusstseinsübungen innerlich besser zu trainieren, damit unsere Seele mehr begreifen kann. Die Intuition kann uns viele Wahrheiten erkennen lassen, die wir mit unserem Alltagsbewusstsein nicht erfassen könnten. Wir können intuitiv

Lernprogramme erkennen

sehen, an welcher Stelle unseres momentanen Lernprogramms wir gerade stehen oder welches Hindernis wir nicht zu bewältigen vermögen – inhaltlich, nicht äußerlich! Wir können mit dem sechsten Sinn unsere seelischen Lernfortschritte erkennen und durch erlebte Erkenntnis weiterkommen.

Mit Intuition können wir in eine Art höherer Kommunikation mit unserer Seele und darüber hinaus treten. Wir können die kleinen Maßstäbe des Alltags überwinden und das größere Programm erfassen. Wir können auch erfahren, dass wir nicht nur in diesem Leben, sondern auch davor schon einen langen Weg gegangen sind, um jetzt eine neue Entwicklungsstufe zu erklimmen. All diese innerseelischen Etappen können mit Intuition erkannt werden. Außerdem ist es möglich, den inneren Zustand von Dingen, Menschen und Ereignissen zu erfahren, sofern wir dazu selbst weit genug entwickelt sind. Allerdings werden wir mit der inneren Wahrnehmung nie in die nächste oder übernächste seelische Entwicklungsstufe schauen können. Denn wie in der Schule kann man, bildlich gesprochen, nur in die nächste Klasse versetzt werden, wenn die aktuelle Klasse mit ihrem Lernprogramm bewältigt wurde. Es gelingt also bestenfalls erst kurz vor der „Versetzung", weil man ja bereit ist.

Lernprogramm und Lebensalter

Die einzelnen Entwicklungen oder Lernprogramme, in denen wir gerade stecken, haben absolut nichts mit unserem jeweiligen Lebensalter oder den Jahren zu tun, die bereits in dieser Lernstufe verstrichen sind. Die Welt der Intuition ist zeitlos! Was wir in der Seele intuitiv „schauen" können, sind aktuelle oder bereits gelernte Wahrheiten. Die Intuition wird uns nicht damit überfordern, Wahrheiten zu erleben, auf die wir seelisch noch gar nicht vorbereitet sind. Stattdessen erfahren wir immer nur so viel, wie wir vertragen bzw. zu verstehen in der Lage sind, selbst wenn es einem manchmal zu schaffen machen kann, wenn die intuitiven Wahrheiten den erlernten Wertvorstellungen widersprechen. Taucht jedoch solch ein Konflikt im intuitiven Erleben auf, haben wir auch die Kraft und die Möglichkeit, ihn zu bewältigen, sonst würde er uns von der Intuition (noch) nicht gezeigt werden.

Informationen, die wir intuitiv erleben, sind also Wahrheiten, Erkenntnisse über den eigenen seelischen Entwicklungsstand. Viele dieser Wahrheiten betreffen auch andere Menschen, Situationen oder Wesensinhalte. Wir leben in einem größeren Zusammenhang, als wir allgemein zu glauben bereit sind. Alles hängt auf seelischer Ebene zusammen und ist nie wirklich getrennt.

Jede intuitiv erlebte Wahrheit kann unser Leben ein Stückchen verändern. Jedes Mal, wenn wir uns von unserer Intuition führen lassen, kann unsere Sicht der Welt ein wenig erweitert werden.

Weltsicht erweitern

Wer an seiner seelischen Entwicklung interessiert ist, sollte also auf keinen Fall auf das Training der Intuition verzichten. Wer meint, es sei nicht von Interesse, was mit seiner Seele los ist, der ist eben noch nicht so weit.

Logik und sechster Sinn – ein Widerspruch?

Natürlich müssen sich Intuition und Logik nicht widersprechen. Die Wahrscheinlichkeitsrechnung des Verstandes kann im Ergebnis durchaus mit der intuitiv gefühlten Wahrheit übereinstimmen. Wie häufig dies der Fall ist, hängt vom individuellen Entwicklungsstand ab, denn der Verstand liefert ja nur eine Art Statistik über Mehrheiten innerhalb unserer Erfahrungen. Dazu kommen noch die erlernten Werturteile, die ebenfalls in unser Bewusstsein dringen können. Sind diese Werte deckungsgleich mit den intuitiv empfundenen Wahrheiten, gibt es keine inneren Widersprüche oder Konflikte.

Es kann aber auch geschehen, dass intuitiv erlebte Wahrheiten nicht in unser bisheriges Weltbild passen. Bei den meisten Men-

Intuitive Erlebnisse
und innere Konflikte

schen löst dies einen inneren Konflikt aus, der irgendwie bewältigt werden muss. Vielfach werden intuitive Erlebnisse deshalb beiseite geschoben, weil es bequemer ist, sich weiter an das bekannte Weltbild zu halten. Fehleinschätzungen sind eben auch etwas, an das man sich gewöhnen kann! Wie sehr jeder Einzelne mit intuitiv erlebten Wahrheiten arbeitet, die seinem derzeitigen Weltbild widersprechen, ist eben eine persönliche Angelegenheit und meist vom seelischen Entwicklungsstand abhängig.

Vielleicht kann folgende Betrachtung helfen, den Geist zu lockern, um nicht krampfhaft an gewohnten Vorstellungen festzuhalten: Die meisten von uns werden noch nie am Nordpol, im ewigen Eis gewesen sein. Nun haben wir aber aus Berichten, Büchern oder aus dem Fernsehen davon gehört und Aufnahmen gesehen. Wir glauben, dass diese Berichte wahr sind, also glauben wir auch, dass es diese Eisregion gibt. Aber wir waren noch nie da, um es zu überprüfen. Dennoch ist das Polareis Teil unseres Weltbildes, und wir würden nie auf die Idee kommen, dies anzuzweifeln. Warum auch? Alle anderen Menschen glauben es auch, sogar die Massenmedien gehen ganz selbstverständlich mit dieser Meinung um. Wenn wir nun eines Tages doch einmal zu den Eisregionen fahren würden und alles genauso sähen, wie es die Berichte beschrieben haben, dann, aber erst dann, würden wir es auch erleben und sehen, dass es wahr ist. In diesem Fall gäbe es also keinen Konflikt zwischen innerer Überzeugung und Erlebnis. Beides wäre deckungsgleich, und der Verstand mit seinen Erfahrungsdaten und die Intuition wären sich vollkommen einig.

Palmen am Pol

Was wäre aber, wenn wir eines Tages zum Pol führen, und dort eine Landschaft voller Palmen mit tropischen Temperaturen fänden? Wir hätten einen enormen Konflikt mit unserem bisherigen Weltbild! Und es würde uns einige Zeit, Kraft und Nerven kosten, das alles unter einen Hut zu bringen. Es würde einige Zeit dauern, bis wir die Palmenlandschaft als Wirklichkeit hinnehmen und die Vorstellung vom Packeis als Fehleinschätzung beiseite legen könnten. Selbst angesichts windbewegter Palmen fiele es uns sehr schwer, zu glauben, dies sei der wahre Nordpol. Wir würden erst

alle anderen Erklärungsversuche von „Wir haben uns wohl verfahren" bis „akute Klimastörung" durchprobieren, um unser altes
Weltbild nicht aufgeben zu müssen. Und am Ende stünden wir
dann da und würden unseren Verstand schrittweise davon überzeugen, dass dies tatsächlich der echte Nordpol sei!
Genauso kann es uns auch mit intuitiven Wahrheitserlebnissen gehen, die Erfahrungswerten oder erlernten Werten widersprechen:
Es wird einige Zeit dauern, bis wir das Erlebte auch integriert haben! Es gibt viel zu gewinnen, nämlich Wahres zu erleben. Vielleicht sind falsche, wenn auch bequem gewordene Gewohnheiten
letzlich doch nicht so gut wie die Wahrheit. Mögliche Konflikte
sollten uns nicht abhalten, Wahrheiten, den Kern der Dinge erkennen zu wollen. Wir müssen uns eben nach und nach von mancher lieb gewonnenen Fehleinschätzung verabschieden.

*Abschied von
Fehleinschätzungen*

Bewertung intuitiven Wissens

Intuitives Wissen muss nicht extra bewertet werden, wie die von
den fünf Außensinnen eingehenden Sinnesdaten. Es ist ja bereits
die Bewertung an sich! Im intuitiven Erlebnis ist die Beurteilung als
Gefühl schon enthalten. Wenn wir etwas als intuitiv wahr erleben,
mussten wir nicht nach weiteren Bewertungen suchen. Wir brauchen uns also nicht die vergebliche Mühe zu machen, „hinter" der
intuitiven Erfahrung noch etwas zu suchen. Alles, was erlebt werden
sollte, ist darin enthalten – komplett. Was scheinbar fehlt, ist eben
nicht Bestandteil dieses intuitiven Erlebnisses. Die Bewertung des
Erlebnisses ist der Kern eben dieser Erfahrung und erschließt sich
uns unmittelbar. Wir wissen einfach, was es bedeutet. Wir wissen es
direkt und eindeutig. Das ist eine neue Qualität, die unsere Alltags-
erfahrungen gar nicht haben können.

*Intuitive Erlebnisse sind
immer komplett*

In gewissem Sinne steht die intuitive Wahrheit oft in direktem Verhältnis zum Geschehen in der Außenwelt. Wir „schauen" den Kern
der Lage. Die Außenwelt erscheint so nur eine symbolische Verpackung des intuitiven Inhalts zu sein. In manchen Fällen „sehen"
wir plötzlich die intuitive Wahrheit in allem „verpackt", was wir
außen erleben und anschauen. Das sind interessante Momente.

Welcher der sechs Sinne hat Vorrang?

Jeder Sinn, die fünf Außensinne und der eine Innensinn, hat seinen Platz in unserem Leben. Wenn wir nur die Intuition bräuchten, hätten wir vermutlich keine fünf Außensinne. Es nützt ja nichts, wenn wir intuitiv eine große Gefahr wahrnehmen, aber unsere Sinne nicht benutzen, um ihr auszuweichen.

Kombination der Sinne

Der Schlüssel liegt in der richtigen Kombination. Von Kindesbeinen an haben wir gelernt, die fünf Sinne miteinander zu koordinieren. Ohne nachzudenken wissen wir, in welcher Situation welcher Sinn besonders wichtig ist. Gehen wir in ein Konzert, wird

automatisch unser Gehör wachsamer. Gerade weil wir es aber beim Betreten des Konzertsaals besonders aktivieren, stört uns auch ein hustender Nachbar mehr als in jeder anderen Situation.

Wie soll nun die Intuition mit den fünf anderen Sinnen kombiniert werden? Immer wenn wir ein Urteil im Hinblick darauf brauchen, was wirklich wahr oder für uns richtig ist, sollten wir den sechsten Sinn befragen. Unser Verstand, den wir fälschlicherweise oft für diese Beurteilungen heranziehen, kann nur Wahrscheinlichkeitsrechnungen liefern. Bei inneren Fragen wie „Was will ich eigentlich wirklich?", „Was wäre jetzt richtig für mich?", „Was soll ich jetzt richtigerweise tun?", „Welchen Sinn macht dieses oder jenes?", „Was bedeuten diese Zusammenhänge?", „Warum sind diese Situationen so wie sie sind?" usw. kann uns die Intuition weiterhelfen.

Durch bewussten Einsatz der Intuition für „Sinn"-Fragen, „Wahrheits"-Fragen, „Richtig-für mich-oder nicht"-Fragen lässt sich eine ganz andere Form der Sicherheit erleben, denn wir wenden uns damit ja bewusst an die richtige Stelle bzw. Instanz. Durch Intuition erleben wir klar und eindeutig unsere innerste Bewertung, jenseits von Argumentationen oder Wahrscheinlichkeiten.

Übergeordnete Auswertung

Dennoch ist es nicht nur sinnvoll, sondern auch lebensnotwendig, die Außenwelt über unsere fünf Außensinne wahrzunehmen. Wir brauchen die Daten. Und wir brauchen die wahre Beurteilung. Wir brauchen eben beides. Deshalb verfügen wir über beide Kräfte: die Außen- und die Innenwahrnehmung. Alle sechs Sinne sind wichtig, jeder an seinem Platz. Welcher Sinn in welcher Situation am wichtigsten ist, entscheidet die Situation! Wollen wir zum Beispiel etwas genau hören, sind die Ohren an erster Stelle, brauchen wir eine wahre Bewertung, muß das die Intuition erledigen.

Der freie Wille des Menschen

Auch wenn jeder Sinn sein Aufgabengebiet hat und wir Verstand und Intuition nutzen können, wann immer wir möchten, ist nichts festgelegt. Es entscheidet immer noch unser bewusster Wille, welchen Sinn wir bevorzugt benutzen wollen oder ob wir auf den Verstand oder die Intuition hören möchten. Zwar haben wir ein ausgefeiltes Instrumentarium zur Verfügung, aber wie wir es nutzen, bleibt jedem selbst überlassen. Der eine möchte die volle Kapazität ausschöpfen, ein anderer beschränkt sich auf das Trainieren eines bestimmten Sinnes. Das ist eine persönliche Entscheidung. Vielleicht findet mancher das neue Wissen über Intuition ganz gut und schön, bevorzugt aber dennoch die Wahrscheinlichkeitsrechnungen des Verstandes. Das ist sein freier Wille. Selbst das situationsabhängige Bevorzugen eines Sinnes ist die Entscheidung des freien Willens. Auch eine besondere Begabung auszuleben, ist letztlich eine Willensentscheidung, auch wenn wir uns eine Zeitlang von unser Intuition führen lassen.

Der bewusste Wille entscheidet

Intuition bewusst integrieren

Wir sind mit dem besonderen Instrumentarium der sechs Sinne ausgestattet. In welchen Situationen wir es einsetzen oder welche Sinne bevorzugt werden, bleibt einzig unserem freien Willen überlassen. Für unser Wohlbefinden und unsere innere Entwicklung wäre es indessen zu begrüßen, würden wir die Intuition bewusst in unser Leben integrieren.

Die richtige Mischung

Die Maßstäbe unseres Handelns können sich situationsgebunden verändern. Wenn wir etwa einer Arbeit nachgehen, die wir nicht mögen, aber zum Lebensunterhalt brauchen, so können wir mit allen Sinnen versuchen, die Situation zu verändern. Nun ist es nicht sinnvoll, der Intuition direkt am ungeliebten Arbeitsplatz freien Lauf und die Führung zu überlassen. Sie würde uns ver-

Auf Ort und Zeit des Einsatzes achten

mutlich auf Nimmerwiedersehen direkt zum Ausgang führen. Zu Hause können wir jedoch in Ruhe mit ihr arbeiten, um zu erkennen, welche Arbeit in Wahrheit für uns richtig wäre. Diese innere intuitive Führung sollte nicht durch Erwägungen oder Überlegungen des Verstandes eingeengt werden. Was wäre in Wirklichkeit für uns richtig? Ohne Einschränkungen!

Haben wir diese Antwort erhalten, und mag sie noch so erstaunlich sein, können wir uns an die Auswertung machen, zu der wir dann auch den Verstand benötigen. Was würde es bedeuten, dieses wahre Berufsziel zu erreichen? Ausbildungswege und alle anderen sachlichen Voraussetzungen und Maßnahmen müssen erkundet, geprüft und eingeleitet werden. Falls wir glauben, dieser von der Intuition aufgezeigte, wahre Berufsweg sei unmöglich zu gehen, können wir wieder bei der Intuition nachfragen, ob es noch andere als die über den Verstand erkannten Wege gibt.

Intuition als Wegweiser

Die Gefühlsbewertung der Intuition ist eine Art Wegweiser. Er gibt die Richtung vor. Der Verstand versucht dann unter Verarbeitung der Eindrücke der Außensinne, in die gleiche Richtung zu wirken. Diese optimale Zusammenarbeit lässt sich auch bildhaft darstellen: Die Außenwelt als Fülle von Sinneseindrücken und Bedingungen ist wie das Meer. Der Verstand ist das rettende Boot, in dem wir sitzen. Er hält durch Sortieren und Katalogisieren die Flut der Sinneseindrücke davon ab, uns zu verschlingen. Die Intuition sitzt am Steuer des Bootes und kennt den Kurs. Der Verstand kann ihr Auskunft über Wetterbedingungen und Strömungsverhältnisse liefern, die Orientierung kann jedoch nur die Intuition leisten. Anhand der verfügbaren Daten könnte der Verstand zwar berechnen, wo die Wahrscheinlichkeit, Land zu finden, am größten ist. Aber es wäre eben nur eine Wahrscheinlichkeit und obendrein mitten auf dem Ozean, in einem kleinen Boot, lebensgefährlich, sich nur darauf zu verlassen – vor allem, wenn die Lebenskraft nur für einen Versuch reicht. Die Intuition hingegen weiß, in welcher Richtung Land liegt, und so wäre es besser, sie einen Kurs steuern zu lassen, von dem bekannt ist, dass er an lebensrettendes Land führt.

Dieses Bild zeigt, wie sich das Leben mit Herz, das heißt mit den Wahrheitsgefühlen der Intuition, und mit Verstand lenken und bewältigen lässt. Wenn beide das Ihre leisten, kann das Ergebnis nur gut oder zumindest besser als vorher sein!

Die Mischung macht's

Das Ziel – Erweiterte Wahrnehmung der Welt

Die eigene Wahrnehmung der Welt zu erweitern bedeutet, nicht nur mit den fünf Außensinnen Daten zu sammeln und dem Verstand zum Sortieren zu überlassen, sondern auch die Innensicht der Dinge, Menschen und Situationen in sich aufzunehmen. Haben wir Verpackung und Inhalt wahrgenommen, so verfügen wir über eine komplette Sicht der Dinge, Menschen und Situationen, also der Welt. Das erweitert unser Wissen nicht nur um eine zusätzliche Datenmenge, sondern es verändert unsere Sicht vollkommen. Wenn wir wissen, was wirklich in uns vor sich geht, was unsere wahren Ziele und Absichten sind, so wissen wir auch viel sicherer, was wir im Leben zu tun haben, und müssen nicht mehr Zeit, Kraft und Nerven auf der orientierungslosen Suche nach dem Sinn des Lebens verschwenden, weil wir gelernt haben, dass wir ihn nicht draußen in der Welt finden können, sondern nur in uns selbst. Wir wissen jetzt, wodurch wir uns Wahrheitserlebnisse verschaffen können,

Der Sinn des Lebens in uns selbst

nämlich durch Intuition. Endlich können wir uns autonom orientieren und Ziele setzen und sind nicht mehr auf Meinungen, Modeerscheinungen oder sonstige Einflüsse angewiesen.

Der sechste Sinn im Alltag

Vor dem Hintergrund der vorangegangenen Abschnitte läßt sich unsere Intuition auch im Alltag nutzen. Wenn wir verwirrt sind, Entscheidungen treffen müssen oder von anderen in eine bestimmte Richtung unter Druck gesetzt werden, sind wir dem nicht mehr hilflos ausgeliefert. Wir können in uns gehen, die Intuition um Wahrheiten in Form von Erlebnissen bitten und uns jederzeit vor der Überflutung durch Daten und der pausenlosen Wahrscheinlichkeitsrechnung des Verstandes zurückziehen. Zu dem, was wirklich zählt, haben wir Zugang. Es ist nicht so schwer, die wirklich wichtigen Dinge zu erkennen, wenn man weiß wie. Der Nutzen der Intuition besteht in innerer Sicherheit für unsere Entscheidungen und in der richtigen Orientierung.

Rückzug in die intuitive Welt

Selbst ohne konkrete Fragen ist es bisweilen einfach erholsam, sich in sich selbst und die intuitive Welt zurückzuziehen. Die Abwendung von der Außenwelt hin zur Innenwelt kann unglaublich entspannen und erfrischen! Wir richten uns nach innen, haben nichts mehr mit den pausenlos strömenden Datenmengen zu tun und müssen auch keine Rechenaufgaben mehr lösen. Wir können uns in uns selbst entspannen und einen Blick auf die wirklichen Wahrheiten werfen. Auf alle Fälle gewinnen wir dabei Ruhe und Kraft. Eine kleine Auszeit mitten im Alltag ist der kleinste Nutzen, den uns die Intuition zu bieten hat.

Was der sechste Sinn bewirken kann

Im alltäglichen Leben kann die Intuition uns folgenden Nutzen bringen:

▶ Intuitive, plötzlich ins Bewusstsein dringende Warnungen bewahren uns oder andere vor Schaden und können Leben retten.
▶ Die Bewusstseinsübungen mit der Intuition bringen Entspannung und neue Kraft in den Alltag.

- Die Intuition lässt uns die wirklichen Wahrheiten innerlich erleben. Dadurch können wir den wahren Kern, das wahre Wesen, den Inhalt von allem kennenlernen.
- Durch die Arbeit mit der eigenen Intuition erleben wir unsere wahren Maßstäbe im Alltag.
- Durch Intuition können wir unseren Lebenssinn, unser wahres Ziel, unsere Lebensaufgabe erkennen.

Lebenssinn und wahres Ziel erkennen

- Durch Intuition haben wir die Möglichkeit, uns im Alltag selbst eine Orientierung und Wertungen zu setzen. So werden wir von den vielen verschiedenen Meinungen unabhängig und gewinnen innere Sicherheit.
- Durch intuitives „Schauen" können wir erleben, was wirklich wahr und nicht nur wahrscheinlich ist.
- Durch Intuition können wir unsere Wertvorstellungen bewusst daraufhin überprüfen, ob sie für uns gut sind oder nicht.
- Durch Intuition können wir uns selbst kennenlernen. Wer sind wir? Woher kommen wir? Haben wir schon mehrere Leben gelebt? Wohin gehen wir? All diese Fragen können nun entsprechend der inneren Entwicklung Antwort finden.
- Selbst schwierige Wege, die uns die Intuition zeigt, können richtig sein. Es ist nicht immer der leichte, angenehme, problemlose Weg, der uns weiterbringt. So können wir auch einen ganz anderen Umgang mit Schwierigkeiten erlernen. Vielleicht ist ein akutes Problem nur ein letzter „Test", bevor die nächste Entwicklungsstufe erreicht ist. Im Vergleich zum Gewinn an seelischer Entwicklung erscheint es dann manchmal gar nicht mehr so schwer.
- Der Zugang zur eigenen inneren Orientierung läßt den vergleichenden Blick auf andere sinnlos erscheinen. Jeder erlebt sein eigenes Lernprogramm. Wir können nicht wissen, welche innere Bedeutung das Leben eines anderen Menschen für ihn hat. So werden Neid oder Mißgunst auf einmal sinnlos. Jeder muss seine eigenen Entwicklungs-„Klassen" durchleben. Es kann nichts übersprungen werden, und wir können nicht das Leben eines anderen leben.

Entwicklungsstufen sind nicht überspringbar

63

- Die innere Bedeutung einer äußeren Lebensführung lässt sich nicht an Äußerlichkeiten ablesen. Dazu muß man ins Innere „schauen". Ein äußerlich reicher Mensch beispielsweise muß nicht auch innerlich reich sein.
- Die Hülle, das heißt die Verpackung von Dingen, Menschen oder Situationen ist relativ, erst der Inhalt, der Wesenskern kann die Wahrheit offenbaren. Wir können nicht immer von außen nach innen schließen. Aber wir können, wenn wir das Innere verstanden haben, auch das Äußere vollkommen verstehen.

Beispiele aus dem Leben

Der bewusste Umgang mit der sechsten Wahrnehmung kann unser Leben nicht nur bereichern, sondern ungeahnte Möglichkeiten eröffnen. Die Sicht der Welt erweitert sich nicht nur, sondern verändert sich so grundlegend, dass man nach einiger Zeit gar nicht mehr versteht, wie man auf Intuition verzichten konnte. Obwohl erst das bewusste Training die großartigen, sinngebenden Weiten unserer Seele öffnet, gehören die Erlebnisse der sich plötzlich im Alltag, sozusagen „untrainiert" meldenden Intuition nach wie vor zu den erstaunlichsten.

„Untrainierte" Intuition

An dieser Stelle folgen ein paar wahre Geschichten aus dem Leben von Menschen, die durch dramatisches Eingreifen der Intuition gerettet wurden.

Herzrhythmusstörungen

Mitte Zwanzig befand ich mich in einer sehr stressigen Lebenslage: Ich stand vor dem Abschluss meines Studiums, wollte lieber ohne meinen Freund wohnen, aber mir fehlte das Geld umzuziehen, und ich war unzufrieden mit der ganzen Art, in der ich lebte – ein typischer Problemcocktail junger Erwachsener. Plötzlich begann ich mich auch körperlich schlecht zu fühlen. Mir war schwindlig, mein Herz raste ab und zu, und ich hatte Erscheinungen wie Frauen in den Wechseljahren! Ich begann mich gesund zu ernähren, machte viel Spaziergänge, rauchte nicht mehr und tat alles, was allgemein als gesund gilt. Es wurde nicht besser, im Gegenteil: Selbst während eines Kurzurlaubs erholte ich mich nicht, sondern es ging mir immer schlechter. In einem Straßencafé an der Adria kippte ich schließlich um und hatte, als ich wieder zu mir kam, so weiche Knie, dass ich nicht allein zu gehen wagte. Freunde brachten mich in ein nahe gelegenes Krankenhaus, wo der Notarzt extrem niedrigen Blutdruck und einen unregelmäßigen Herzrhythmus feststellte.

Zu Hause landete ich bei einem Kardiologen, der sehr erstaunt war, diese Symptome bei einer Patientin in jungen Jahren zu finden. Ich schlief nachts kaum, da ich zunehmend undefinierbaren Panikzuständen ausgesetzt war. Ich konnte nur mit drei Kopfkissen schlafen, weil ich sonst Angst hatte, zu ersticken. Für mich war das ein völlig neuer Zustand. Eines Nachts war es besonders schlimm, und ich fürchtete, einen Herzanfall zu erleiden. Übernächtigt und außer mir vor Angst eilte ich morgens zu meinem Kardiologen, der mittels eines kleinen Kassettenrecorders 24 Stunden lang meinen Herzrhythmus aufzeichnete. Anschließend verkündete er, ich müsse ab sofort bestimmte Herzmedikamente nehmen, vermutlich lebenslang. Er wüßte nicht, wie weit sich das Problem verschlimmern könnte, tippte auf Vererbung oder ähnlich Katastrophen.

Schlimme Herzsymptome

Mein Unmut hatte nun endlich den Siedepunkt erreicht, denn in den Monaten der Untersuchungen und sich verschlimmernden Diagnosen hatte mir eine innere Stimme immer deutlicher gesagt, es sei alles ganz anders. Sie war nicht wie die Stimmen anderer Menschen, sondern eher ein Gefühl des Widerstands, verbunden mit meiner eigenen Stimme.

Nach diesem letzten Besuch beim Kardiologen ging ich mit dem Rezept in der Hand wie betäubt in die Apotheke. Dort meinte der Apotheker, er habe noch nie erlebt, dass ein so junger Mensch derart starke Mittel nehmen müßte. Er hatte fast Tränen in den Augen. Angesichts seiner Anteilnahme wusste ich allen Fakten zum Trotz, daß dies alles nicht mein Problem war. Ich war nicht krank! Das „wusste" ich in diesem Moment genau und beschloss, auf diese innere Stimme zu hören. Mein Herz holperte und rumpelte dabei unerträglich. Zu Hause legte ich mich mit dem gewohnten Kissenstapel aufs Bett, schloss die Augen, atmete tief ein und dachte: ‚Was ist los mit mir? Was ist bloß los?' Diese Frage wurde immer bohrender. Plötzlich übernahm meine in gesunden Zeiten typische Selbständigkeit das Kommando. Es konnte doch nicht einfach ein Arzt daherkommen und mich für schwerkrank erklären, wenn alles in mir schrie: ‚Das stimmt nicht! Es ist alles ganz anders!' Zum ersten Mal meldete sich meine Intuition, mein sechster Sinn. Ich hatte mich nie wirklich damit beschäftigt, doch an diesem Nachmittag änderte sich alles. Meine Frage ‚Was ist bloß los mit mir?' verschwand, und eine kämpferische Kraft stieg in mir auf, die in tiefe Überzeugung umschlug: ‚Ich war nicht wirklich krank! Und ich musste ab sofort alles selbst in die Hand nehmen. Ich würde die starken Medikamente nicht nehmen! Ich würde das selbst lösen.' Diese Gedanken kamen nicht wirklich aus meinem Bewusstsein. Wie kraftvolle, starke Wellen fluteten sie fast wie von außen in mich hinein. Was konnte ich also selbst tun? Was war die Lösung?

Plötzlich sah ich vor meinem inneren Auge – damals wusste ich noch nicht, dass ich so etwas hatte – ein kleines silbernes Buch, auf dem in schwarzer Schrift „Za-Zen" stand. Ich war so erschrocken über das klare Bild vor meinen geschlossenen Augen, dass ich sie sofort aufriss. Das Bild war verschwunden. Also hatte ich es tatsächlich mit geschlossenen Augen klar und deutlich gesehen! Ich durchwühlte mein Bücherregal. Richtig! Da stand das Buch! Bis zum Abend suchte ich darin nach einer Lösung, begriff jedoch nur, dass die Atmung das A und O des inneren Gleichgewichts ist. Gut. Aber wie soll ich denn atmen? Bislang war die Atmung ja Aufgabe meines vegetativen Nervensystems – ganz nach westlicher Wissenschaftstradition. Pünktlich zur Schlafenszeit, die ich seit Monaten nicht mehr normal wahrgenommen hatte, fand ich eine Anleitung zum richtigen, das heißt ruhigen und regelmäßigen Atmen mit gleichlangen Pausen beim Ein- und Ausatmen. Da ich nichts zu verlieren hatte, probierte ich es aus. Es war schwieriger als ich gedacht hatte, denn meine innere Unru-

Die Selbständigkeit übernimmt

Atemübungen des Zen

he versuchte immer wieder, dieses ruhige und gleichmäßige Atmen zu durchdringen. Es dauerte lange, bis ich meinen Willen durchgesetzt und den Atemrhythmus so gestaltet hatte, wie es in der Anleitung stand. Irgendwann in der Nacht gelang es.

Als ich aufwachte, hatte ich mehr als zehn Stunden geschlafen und war frisch und ausgeruht. Unmerklich war ich in den lang ersehnten Schlaf geglitten und fühlte mich nun topfit. Mein Herz war nicht zu spüren. In der darauf folgenden Zeit machte ich diese kleine Atemübung regelmäßig jeden Abend vor dem Einschlafen sowie tagsüber, wenn ich übernervös wurde. Die Herzrhythmusstörungen verschwanden vollständig. In den folgenden Jahren ließ ich mich mehrfach ärztlich untersuchen: Mein Herz ist völlig gesund. Ich bin überzeugt, dass meine Intuition mir damals das Leben rettete, denn die schweren Herzmedikamente hätten mich nach spätestens zehn Jahren mindestens eine Niere gekostet, von der Möglichkeit eines Herzschrittmachers ganz zu schweigen. Die Geschichte zeigt, dass Intuition immer für den Betreffenden arbeitet und niemals etwas Schädliches suggeriert! Wir sollten jedoch lernen, wahre Intuition zu erkennen, um uns auch darauf verlassen zu können. Mein Fall ist nahezu klassisch für ein erstes, starkes Auftreten der Intuition, meist in einem gefährlichen Moment. Die Intuition hat auf die Datenbank des Unterbewusstseins zurückgegriffen, um mir das längst vergessene Buch zu zeigen. Dort lag der Schlüssel für mich, nämlich die richtige Atemtechnik. Vielleicht hat mein Unterbewusstsein diese Anleitung beim ersten Durchblättern registriert, aber nur die Intuition wusste, dass sie genau das war, was ich in jenem Augenblick so dringend brauchte.

Ein klassischer Fall

Verzögerte Abfahrt

Anke und Fred, ein Ehepaar, führten ein harmonisches Leben, verstanden sich gut und waren sich innerlich sehr verbunden. Fred war Lastwagenfahrer und viel unterwegs, doch er telefonierte viel mit Anke, und beide hatten sich an diese Art des Lebens gewöhnt. Fred war ein vernünftiger, routinierter Fahrer und hatte schon manche brenzlige Situation hervorragend gemeistert.

Anke war Hausfrau, kümmerte sich um den Haushalt, den Garten und die drei Kinder. Sie hatte nie wirklich Angst um ihren Mann, weil sie wusste, dass er sehr verantwortungsbewusst war. Lieber verzichtete er auf mehr Lohn, als sich durch Übermüdung zu gefährden.

Plötzliche, starke Angst

Eines Morgens wollte Fred seine Jacke nehmen, um wie immer seine Tour zu fahren, da überkam Anke plötzlich Angst, wie sie sie noch nie erlebt hatte. Sie wurde ganz blass und zitterte. Fred fragte besorgt, was los sei. Anke starrte ihn mit aufgerissenen Augen an: „Du darfst nicht fahren! Auf keinen Fall! Ich habe eben deinen Laster brennen gesehen!" Fred nahm ihre Hand: „Beruhige dich, es ist doch alles wie immer. Du hast sicher gestern noch spät einen Krimi gesehen. Das regt dich doch immer so auf!" Fred umarmte seine Frau, die immer noch ganz erstarrt war vor Schrecken. Er zog seine Jacke an und wollte zur Tür gehen. Ohne Zögern schnellte Anke von ihrem Küchenstuhl hoch und stellte sich von innen vor die Haustür. Das war ein bißchen lächerlich, denn sie ist zierlich und klein, während Fred groß und stark wie ein Bär ist. Sie hätte ihn körperlich wirklich nicht aufhalten können! Fred runzelte die Stirn. So hatte sich seine Frau noch nie benommen. Anke flehte: „Bitte geh nicht!" Fred wußte nicht, was er machen sollte, er würde noch zu spät loskommen. Das konnte man sich in diesen Zeiten nicht leisten! Er hatte am Abend zuvor seinen Laster vor dem Haus geparkt, denn sie wohnten nahe der Autobahn. So konnte er ausschlafen und den Liefertermin am Nachmittag noch gut schaffen.

„Bitte, Liebling, sei nicht albern", brummte er und wollte seine Frau beiseite schieben. Doch Anke fühlte noch das Bild vor ihrem geistigen Auge auf ihrer Stirn brennen und spürte die Hitze des Feuers: „Bitte, ich kann es dir nicht erklären, aber du musst zu Hause bleiben!" Anke war verzweifelt. Was konnte sie tun, um ihn aufzuhalten? Mit einer plötzlichen Bewegung zerriß sie seine

Verzweifelte Aktion

Jacke! Ein Ärmel hing zerfetzt herunter. Anke war selbst erschrocken, wusste nicht, warum sie das getan hatte. Fred starrte fassungslos auf die Jacke: „Was soll das?" fragte er verdattert. „Ich weiß nicht", stammelte Anke. Fred drehte sich brummend um und ging die Treppe hinauf ins Schlafzimmer. Er wollte sich einfach eine andere Jacke holen und musste sich nun beeilen, denn er würde sicher zu spät kommen. Anke lief wie von einem Magneten gezogen hinter ihm her. Als Fred vor dem Kleiderschrank stand, schloß sie von außen die Schlafzimmertür ab! Und dann gleich noch die Flurtür. Das würde ihn eine Weile aufhalten. Schon klopfte Fred von innen gegen die Tür: „Anke, mach auf! Was soll das?" Anke war sicher, dass Fred die Türen nicht eintreten würde, er war sanftmütig und keinesfalls gewalttätig. Sie rannte die Treppe wieder herunter und schaltete wie unter innerem Zwang das Radio ein. Inzwischen rief und klopfte Fred unterunterbrochen von oben, doch Anke blieb vor dem Radio sitzen. Als nach etwa einer halben Stunde endlich Nachrichten kamen, drehte sie das Radio ganz laut auf, so dass auch Fred es hören konnte. Auf der Autobahn hatte es einen schweren Unfall gegeben. Ein Tanklaster war ins Schleudern geraten, umgekippt und brannte! Mehrere Laster und Autos, die hinter ihm fuhren, waren in den Unfall verwickelt worden und brannten ebenfalls. Die Feuerwehr war zu einem Großeinsatz ausgerückt, es gab jetzt schon einige Tote.

Intuition als Lebensretter

Als der Bericht vorbei war, ging Anke die Treppe hoch und öffnete die beiden Türen. Fred war kreidebleich, denn er hatte alles mitgehört. „Du hast mir das Leben gerettet", flüsterte er und nahm seine Frau in den Arm.

Später rechneten beide aus, wo Fred auf der Autobahn gewesen wäre, wenn er planmäßig losgefahren wäre: vermutlich sehr nah an der Unfallstelle, wenn nicht mittendrin, wie Anke es gesehen hatte. Seither haben Anke und Fred ein ganz anderes Verhältnis zu Vorahnungen und der Intuition.

Ein neuer Arbeitsplatz

Petra hatte vor vier Wochen in einem Wutanfall ihren Job als Sachbearbeiterin gekündigt und war einfach nach Hause gegangen. Ihr ehemaliger Chef war unerträglich! Immer gab er ihr kurz vor Feierabend noch etwas zu schreiben, obwohl er das schon Stunden vorher hätte tun können. Oder er kontrollierte ihre sonstige Arbeit, während er dies bei ihren Kolleginnen nie tat. Petra machte ihre Arbeit ordentlich und korrekt, aber ihr Chef hatte es einfach auf sie abgesehen. Hinzu kam, dass Petra ihre Arbeit nicht mochte. Es war langweilig, den ganzen Tag in einem Büro mit steinalten Kolleginnen zu sitzen und Akten zu wälzen. Die junge Frau hätte viel lieber eine Tätigkeit ausgeübt, bei der sie mit vielen Menschen in Berührung gekommen wäre. Aber sie musste ihre Miete bezahlen und sich ernähren. Ihr Gehalt war mickrig, sie steckte einfach fest – keine Lösung in Sicht.

Petra wurde immer schwermütiger. In einer Mittagspause hatte sie sich einfach eine Konzertkarte gegönnt. Sie wollte sich etwas Gutes tun, um sich besser zu fühlen. Genau am Abend der Veranstaltung kam ihr fieser Chef herein, um sie mit einem Stapel Briefe aufzuhalten. Er wußte, dass sie etwas vorhatte! Da platzte Petra der Kragen. Sie kündigte, verließ das Büro, und kam nicht mehr zurück. Sie verstand selbst nicht, wie sie zu solch einer übereilten, unlogischen Tat fähig sein konnte. Aber es kam wie eine heiße Welle aus ihrem Inneren, und auch das „Ich kündige!" floss automatisch. Als sich ihre Lippen bewegten, hatte sie keine Ahnung, dass sie so etwas sagen würde. Noch Tage später wunderte Petra sich über ihr Verhalten. Sie hatte noch nie etwas von der führenden Intuition gehört und konnte mit diesem plötzlichen Entschluss eigentlich nichts anfangen.

Jetzt ist Schluss!

Auf dem Arbeitsamt erfuhr sie, dass sie drei Monate lang kein Geld bekäme, weil sie selbst gekündigt hatte. Ihr Dispositionskredit reichte gerade aus, um einen Monat zu überbrücken. Sie musste einfach sofort neue Arbeit finden, sonst würde sie auch noch ihre kleine Wohnung verlieren. Petra durchsuchte die Stellenangebote in der Zeitung – erfolglos. Alle Firmen schmetterten ihre Anfragen ab. Alle schriftlichen Bewerbungen kamen zurück. Nach vier Wochen war ihr Konto restlos überzogen, sie hatte nur noch fünfzig Mark in der Tasche, und alles schien sich gegen sie zu richten.

An diesem Abend ging Petra früh ins Bett, sie wollte es am nächsten Morgen noch einmal beim Arbeitsamt versuchen, vielleicht gäbe es dort ja doch noch einen Job für sie. Unruhig drehte sie sich hin und her und konnte vor lauter Sorgen nicht einschlafen. Ihr angestauter Kummer machte sich Luft, und sie weinte lange Zeit. Dadurch beruhigte sich ihr Atem, und sie wurde auch richtig müde. Kurz vor dem Einschlafen sah sie ganz deutlich und in Farbe ein Bild von einem Bistro. Es war anders als ein Traum, denn sie war ja gerade eben noch wach! Sie konnte alles ganz deutlich erkennen. Petra wußte nicht, was sie damit anfangen sollte, merkte sich dieses Bild aber gut, denn sie wollte es ihrer besten Freundin beschreiben.

Ein neuartiges Bild

Am nächsten Morgen fuhr sie früh zum Arbeitsamt, bekam natürlich keinen neuen Job und saß im Bus zurück nach Hause. Ganz in Gedanken mit all ihrem Kummer verpasste sie ihre Station zum Aussteigen. Nun musste sie die nächste Haltestelle nehmen und einen weiten Weg zurückgehen. Auf halber Strecke kam sie an einer Seitenstraße vorbei. Dies könnte eine gute Abkürzung sein, schoss es ihr durch den Kopf, obwohl sie hier noch nie entlanggegangen war. An der nächsten Kreuzung sah sie genau das Bistro, von dem sie am Abend zuvor „geträumt" hatte. Ohne dieses innere Bild hätte sie es nie betreten, doch sie musste einfach nachsehen, was es damit auf sich hatte. Sie bestellte einen Kaffee. Der Besitzer war sehr freundlich, setzte sich sogar zu ihr an den Tisch und klagte ihr sein Leid: Er suche sofort und händeringend eine neue Bedienung. Petra hatte nie daran gedacht, zu kellnern, aber sie konnte es ja mal versuchen! Sie bekam den Job, obwohl sie offen sagte, dass sie es erst lernen müsse, aber die Gäste wollten sie einfach unbedingt haben! Petra hatte so viel Spaß bei ihrer neuen Arbeit, wie lange nicht mehr. Ihre Kolleginnen waren richtig nett und wurden Freundinnen. Sie verdiente mehr als je zuvor, und nach zwei Jahren lernte sie in diesem Bistro sogar ihren neuen Freund kennen.

Die Intuition kennt viele Wege uns zu lenken, besonders in Notzeiten! Unser sechster Sinn weiß, wie er am besten unsere Auf-

Nicht jeder verträgt jede Eingebung

merksamkeit weckt. Nicht jeder verträgt jede Eingebung! Wenn wir starke Impulse empfinden, können wir sicher sein, dass es zu unserem Besten ist. Die Intuition sieht mehr als unser Alltagsbewusstsein. Sie kann auch nach „vorne" schauen und uns zu wichtigen Ereignissen führen. Nicht immer sind die Dinge, die wir aus einem bestimmten Grund zu tun meinen, auch tatsächlich aus diesem Grund nötig. Petra glaubte die unbekannte Seitenstraße zu wählen, weil sie kürzer ist. Dies war aber lediglich eine plausible Erklärung ihres Bewusstseins, die sie hinreichend motivieren konnte, den Weg zu ändern. In Wahrheit musste sie diesen Weg ja nehmen, um zu dem Bistro zu gelangen. Doch wie hätte die Intuition Petra das begreiflich machen sollen? Die junge Frau hatte ja noch nie zuvor bewusst mit ihrem sechsten Sinn zu tun gehabt! Da war es doch die beste Möglichkeit, Petra glauben zu lassen, was ihr Bewusstsein errechnete, nämlich, dass sie ihren Heimweg abkürzen könnte. Sonst wäre sie nie in Richtung Bistro gegangen!

Ein Soldat verläßt den Schützengraben

Im zweiten Weltkrieg wurde ein Mann – wie viele andere auch – als Soldat eingezogen. Er hasste nicht nur den Krieg, sondern die ganzen Machenschaften des damaligen Regimes. Doch er konnte nichts tun, denn hätte er sich der Einberufung widersetzt, wäre sein Leben als „Fahnenflüchtiger" keinen Pfifferling wert gewesen. Der Mann war Mitte Dreißig und wusste nur eines: Er musste lebend aus dem Krieg zurückkehren, denn seine Frau war von schwächlicher Gesundheit und nicht imstande, die beiden Kinder allein durchzubringen. Er tat sein Möglichstes, um Gräueltaten zu verhindern oder zumindest nicht daran beteiligt zu sein. Dennoch sah er viele schlimme Dinge, die ihn ein Leben lang in seinen Träumen verfolgen sollten.

Eines Tages lag er mit einem Kameraden in einem Schützengraben. Die andere Seite beschoss die Stellung heftig, die Soldaten waren fast völlig eingekreist, und es gab kein Entkommen mehr. Ängstlich kauerte der Mann mit seinem Freund ganz tief im Graben. Plötzlich durchfuhr ihn ein so starker Impuls, dass er aufsprang. Der Kamerad zog ihn sofort wieder nach unten: „Bist du verrückt geworden! Das ist dein sicherer Tod!" Der Mann antworte sofort, ohne zu überlegen, seine Worte kamen ebenfalls als Impuls: „Wir müssen sofort hier weg. Sofort!" Er griff seinen Kameraden und zog ihn mit aller Gewalt aus dem Graben. Doch der Freund war sehr viel stärker als der Mann, machte sich los, sprang zurück in den schützenden Graben. Es war gegen alle Logik, den einzigen sicheren Ort in diesem Tod bringenden Chaos zu verlassen. Ohne einen Plan oder Gedanken rannte der Mann, so schnell er konnte, über das Schlachtfeld. Er hatte keine Ahnung warum oder wohin. Doch er rannte, wie unter einem inneren Zwang, der so stark war, dass er sich nicht widersetzen konnte. Wie durch ein Wunder gelangte er durch die Schusslinie und sah plötzlich eine Böschung, wo er sich verstecken konnte. Er war direkt auf diesen Schutz zugelaufen, ohne es zu wissen, denn die Böschung hatte man vom Graben aus nicht sehen können. Er kauerte sich dahinter. Vorsichtig schaute er durchs Gestrüpp und

Gegen jede Logik

73

Die Handgranate

sah, wie genau an der Stelle im Graben, wo er und sein Kamerad gerade eben noch gelegen hatten, eine Handgranate explodierte. Der Kamerad war sofort tot. Der Mann überlebte und konnte nach dem Krieg nach Hause zurückkehren. Er wurde 87 Jahre alt und war mein Großvater.

Der Schäferhund

Als ich noch studierte, traf ich mich eine Zeitlang jeden Mittwochabend mit einer Arbeitsgruppe. Es war ein 20-minütiger Fußweg dorthin, und ich ging immer dieselbe Strecke hin und zurück, ohne irgendwelche besonderen Empfindungen. Eines Abend trat ich nach dem Treffen aus dem Haus, wo wir immer

Grundlose Panik und Unruhe

„tagten". Plötzlich überkamen mich grundlos Panik, Unruhe und Schrecken. Da ich nicht ängstlich bin, war das sehr ungewöhnlich. Ich sah mich um: Die drei Straßen, die sich vor dem Haus gabelten, waren menschenleer. Es war absolut nichts zu sehen oder zu hören. In mir war jedoch neben diesen sehr unangenehmen Gefühlen meine innere Stimme: „Nimm eine andere Straße nach

Die innere Stimme

Hause!" Ich war bisher noch nie einen anderen Weg gegangen, weil der gewohnte eben am kürzesten war. Auch verstand ich weder, was dies alles bedeutete, noch hatte ich bewusste Erfahrungen mit der Intuition gemacht. So kämpfte ich sowohl die komischen Gefühle als auch die innere Stimme nieder und ging meinen gewohnten Weg. Da sich mir zusätzlich noch die Nackenhaare sträubten, verließ ich zumindest den Fußweg und ging in der Mitte der Straße, wo sonst Autos fuhren, aber um diese späte Stunde war die Straße leer. Plötzlich schoss aus einer verdeckt liegenden Häuserreihe wie aus dem Nichts ein großer Schäferhund hervor, die Zähne gebleckt, Geifer an den Lefzen, und raste direkt auf mich zu. Glücklicherweise war ich ja zumindest sehr wachsam geworden, und so fiel die Schrecksekunde weg. Meine Intuition hatte vermutlich schon reichlich Adrenalin in meinen Körper gejagt, so dass ich ohne nachzudenken mit einem riesigen Sprung über ein parkendes Auto setzte, mich auf der anderen Seite abrollte, wieder auf die Füße kam und auf dem Bürgersteig stand. In dem Moment lief eine verwirrte alte Frau frontal gegen mich. Da ich durch den Zusammenprall direkt an ihr stand, war ich für einige Sekunden vor dem Hund geschützt, der natürlich von der Straße zurücklief, aber, um mich zu beißen, sehr dicht an seiner Besitzerin vorbei mußte. Es war nämlich ihr Hund, der ständig außer Kontrolle geriet, wie ich später erfuhr. Glücklicherweise nutzte sie die Gunst des Augenblicks und griff das Halsband, wodurch ich Gelegenheit bekam, wegzulaufen. – Meine Intuition hatte mich also zu Recht gewarnt, aber ich hatte nicht auf sie gehört, weil ich mit den fünf Außensinnen nichts erkennen konnte. Seither höre ich auf meine innere Stimme und habe bis heute bei der leisesten Warnung immer einen anderen Weg eingeschlagen.

Die fünf Außensinne versagen

Die Gummiwand

Dora war frisch geschieden und hatte eine neue Wohnung in einem Stadtviertel bezogen, wo sie sich ausgesprochen wohl fühlte. Seit kurzem trainierte sie ihre Intuition. Sie hatte sich um eine Stelle in einer kleinen Firma beworben, und an jenem Vormittag sollte das Vorstellungsgespräch stattfinden. Ihre Laune war bestens, sie war nicht nur überzeugt, dass die neue Arbeit momentan gut für sie wäre, sondern auch, dass sie den Job bekommen würde. Das hatte ihr die Intuition gezeigt. Vergnügt und trotzdem etwas aufgeregt verließ sie das Haus und merkte, dass sie viel zu früh losgegangen war. Daher wollte sie noch schnell einige Teile aus der Reinigung holen, um die Zeit zu nutzen und ihre Aufregung abzubauen. So machte sie kehrt und wollte ihre Straße nun statt zum Bus in die entgegengesetzte Richtung zur Reinigung hinuntergehen. Kaum hatte sie den Fuß zum ersten Schritt gehoben, stieß sie gegen etwas und blieb verdutzt stehen. Es war absolut nichts zu sehen, und so hielt sie es für einen seltsamen Zufall unbekannter Natur. Wieder versuchte sie weiterzugehen, und wieder stieß sie gegen etwas, das wie nachgiebiger Gummi war. Aber: Es war nichts zu sehen!! Das unsichtbare Hindernis befand sich quer über dem Fußweg. Andere Passanten waren nicht

Ein unsichtbares Hindernis…

zu sehen – ungewöhnlich für diese Tageszeit. Vorsichtig tastete sie in der Luft umher und spürte etwas wie eine mindestens zwei Meter hohe, etwas nachgiebige Gummiwand, deren oberen Rand sie nicht ertasten konnte. Sie ging vom Bürgersteig hinunter ein Stück auf die Fahrbahn, auch dort war die „Wand". Wieder auf dem Fußweg stemmte sie sich mit aller Kraft gegen die „Wand", die zwar nachgab, so dass ihr die Berührung nicht wehtat, aber stehen blieb und den Weg versperrte. Sie war gerade ein Stück zurückgetreten, als ein Auto die Straße entlangfuhr, genau durch die Stelle, an der sie zuvor die Gummiwand auch auf der Fahrbahn gefühlt hatte. Es kam reibungslos vorbei. Sofort tastete sie wieder vor sich. War die Wand jetzt weg? Nein! Sie fühlte sie immer noch, auch auf der Fahrbahn, wo eben noch das Auto durchgefahren war! Eine unsichtbare Gummiwand extra für sie?

Intuition als Beschützer

Plötzlich schoss ihr durch den Kopf, dass sie am Abend zuvor meditiert und ihre Intuition gebeten hatte, sie am Tag des Vorstellungsgesprächs zu beschützen. Konnte es da einen Zusammenhang geben?

Neugierig drehte sie sich um und ging in die ursprünglich geplante Richtung die Straße entlang. Hier war alles in Ordnung, sie kam ohne Widerstand vorwärts. Nun ging sie eine Nebenstraße hinunter und umging damit die unsichtbare Gummiwand. Kurz bevor sie vom anderen Ende wieder in ihre Straße einbog, sah sie ihren Ex-Mann, der offensichtlich auf dem Weg zu ihrer neuen Wohnung war! Glücklicherweise hatte er sie nicht gesehen, und so kehrte sie wieder in die Parallelstraße zurück und bestieg sofort den Bus. Wäre die unsichtbare Gummiwand nicht gewesen, so wäre sie ihrem nörgelnden, neidischen Ehemann direkt in die Arme gelaufen! Und das hätte ganz sicher ihre gute Laune, ihr Selbstbewusstsein und ihre positive Einstellung zum neuen Job zerstört. Sie hatte ihn ja verlassen, weil er ihr Lebensfreude und Selbstbewusstsein nahm, und die Begegnung mit ihm war das Schlimmste, was ihr vor dem Vorstellungsgespräch hätte passieren können. Erleichtert atmete sie tief durch, und ihr positives Gefühl für den neuen Job kehrte zurück. Eine Stunde später hatte sie ihn.

Berühmte Menschen und ihr sechster Sinn

Intuition allein genügt nicht, um berühmt zu werden. Jeder hat seine spezielle Lebensaufgabe, manche beinhaltet Berühmtheit, manche nicht. Hauptsache ist, man nimmt sie ernst. Viele berühmte Menschen wurden und werden indessen stark von ihrer Intuition geführt und beschützt. Erstaunlich vielen ist das sogar bewusst. Je nach Kulturkreis oder innerem Entwicklungsstand haben sie sich zur Begründung ihrer Entscheidungen auf die innere Stimme bezogen. Manchmal findet man derartige Hinweise in Interviews oder Biographien.

Albert Einstein – Lösungen im „Traum"

Albert Einstein hat mehrmals öffentlich gesagt, dass er die Lösungen für seine akuten Fragen oft geträumt hat! Manchmal beschäftigte sich der berühmte Physiker Wochen und Monate mit einem theoretischen Problem und wusste einfach nicht, wie es zu lösen war. Einzig dieses diffuse Gefühl, es könne eine Lösung geben, trieb ihn voran! Er war, entgegen der damals geläufigen Meinung, überzeugt, viele Fragen der Physik könnten „ganz anders" bewältigt werden.

Im Schlaf erschien ihm dann oft die Lösung. Wie auf einer geistigen Leinwand sah er beispielsweise seine berühmte Formel $E=mc2$. Er träumte die Lösung! Doch was Einstein öffentlich als Traum bezeichnete – vermutlich die einzige Möglichkeit, nicht als verrückt zu gelten – waren natürlich intuitive Visionen! Einstein war so engagiert, die Lösung zu finden, dass er vermutlich innerlich die Frage an seine Intuition übertrug. Und die konnte das Problem dann auch lösen.

Geistige Leinwand

TIPP

Die „Traum"-Methode Einsteins lässt sich übrigens auch gut im Alltag anwenden: Legen Sie sich abends wie üblich ins Bett. Machen Sie im Liegen Ihre Basis-Atemübung, stellen Sie Ihrer Intuition die Frage, die Sie gelöst haben möchten, und schlafen Sie. Nach einer Weile des Übens werden auch Sie Lösungen „träumen".

Gandhi – Von Visionen geleitet

Ausnahmeerscheinung unter intuitiv Hochentwickelten

Gandhi, der pazifistische Revolutionär Indiens, ist in mehrerer Hinsicht eine Ausnahmeerscheinung unter den intuitiv hochentwickelten Menschen. Ihm war nicht nur die „höhere" Führung bewusst, er war auch ein Meister der Meditation, verließ sich ausschließlich auf die innere Führung und sprach offen und öffentlich darüber. In Wort und Tat ließ Gandhi seine Visionen von einem freien, unabhängigen und demokratischen Indien ohne englische Kolonialmacht entstehen wie ein Gemälde für alle Inder. Dieser Mann nahm seine Lebensaufgabe bedingungslos an. Jeden Tag (!) ließ er sich während seiner Versenkung von der Intuition beraten. Eine der bekanntesten seiner Verhaltensweisen war das Fasten. Gandhi legte sich auf sein Bett und fastete. Durch das Druckmittel seines Hungertodes gelang es ihm, die Kämpfe zwischen Hindus und Moslems bis zur Ausrufung des unabhängigen Staates Indien zum Erliegen zu bringen. Niemand, der einen Bürgerkrieg verhindern möchte, würde wohl mit Hilfe des Verstandes auf die Idee kommen, einen Hungerstreik zu beginnen! Aber die Intuition zeigte Gandhi diesen Weg, und er hatte damit vorübergehend Erfolg.

Dank buddhistischer Tradition

Natürlich ist das indische Volk durch seine lange Tradition buddhistischer Meditationstechniken und das Wissen um „höhere" Führung in der Lage gewesen, die Visionen Gandhis ernst zu nehmen und auf seine Hungerstreiks zu reagieren. In der westlichen Welt erscheint es undenkbar, dass sich beispielsweise der Präsident der USA zum Hungerstreik ins Weiße Haus zurückzieht. Das würde ihn eher wegen Unzurechnungsfähigkeit sein Amt kosten, als irgendeine gesellschaftliche Veränderung zu bewirken. Deshalb wird die Intuition einem westlichen Präsidenten auch nicht zum Hungerstreik raten! Sie weiß immer, welche Mittel in welcher Lage am besten sind.

Andere bekannte oder berühmte Menschen

Intuitive Führung als Inspiration, Eröffnung von Wissen und Lösungen hat auch vielen anderen Menschen geholfen ihren persönlichen Weg zu gehen:

▶ Wolfgang Amadeus Mozart „hörte" seine Musik – komplette Stücke – innerlich. Geführt von seiner Intuition schrieb er die fertigen Stücke dann auf, ohne Kladde oder mühsames Zusammensetzen. Deshalb wusste er auch immer genau, wie diese Musik zu spielen sei – eben so wie er sie innerlich intuitiv gehört hatte! Der Verstand hätte ja erst zahllose Varianten ausprobieren müssen, um eine Möglichkeit als die beste herauszufinden, und dazu reicht ein Leben nicht!

▶ Dr. Edward Bach entwickelte die Bach-Blütenessenzen aufgrund intuitiver Eingebung.

Mozart, Rubinstein und Goethe

▶ Arthur Rubinstein spielte intuitiv und bemühte sich bewusst um das Erlangen dieses entrückten Zustandes.

▶ Johann Wolfgang von Goethe „schaute" intuitiv einige Wahrheiten und verarbeitete diese unfassbaren Zustände in seinen Werken. Wenig bekannt ist die von ihm aus seiner Intuition heraus entwickelte Farbenlehre, die ganz andere Dimensionen öffnet.

Die innere Versenkung von Künstlern hat viele Namen, stets ist jedoch die innere Entrückung gemeint. Der Künstler lässt sich ganz und gar von seiner Intuition führen, das Alltagsbewusstsein ist ausgeschaltet. Und dann entstehen diese besonderen Momente der Darbietung, wie zum Beispiel der intuitive Zustand beim Flamenco, „Duarde" genannt, in dem der Tänzer ganz Tanz ist.

Tanz = Tänzer!

Viele Schauspieler, deren Lebensaufgabe tatsächlich das Schauspiel ist, kennen das Gefühl, wie eine Marionette an unsichtbaren Fäden auf der Bühne zu spielen. Sie begeben sich ganz in die intuitive Führung und erheben sich so weit über ihr alltägliches Leistungspotential hinaus.

Intuition in weltanschaulichem Kontext

Intuition und Esoterik

Wenn wir uns bewusst machen, wie eingeschränkt unsere fünf Außensinne und der Verstand im Grunde sind, so wird deutlich, dass wir nur über ein sehr kleines und recht störanfälliges Spektrum an körperlichen Möglichkeiten verfügen, um die Welt zu

79

erfassen. Diese Begrenztheit kann nur mit Hilfe der Intuition überwunden werden. Ihre Seelenkraft kann uns Wahrheit, Echtheit, gut oder schlecht empfinden lassen. Die Dimensionen, in welche sich die Intuition ausdehnen kann, sind nicht festlegbar, sondern immer vom Einzelnen und seinem jeweiligen Entwicklungsstand abhängig.

Esoterische Erklärungsmodelle

Die neueren esoterischen Theorien bezeichnen Intuition als eine innere Öffnung zum Kosmos. Sie gehen davon aus, dass wir uns meist über das Dritte Auge, aber auch über die ehemalige Fontanelle auf dem Scheitel direkt mit Gott, dem Kosmos und den höheren Sphären in Verbindung setzen können. Diese Vorstellung beinhaltet jedoch, dass die Möglichkeiten der Intuition nicht in uns, sondern außerhalb von uns liegen. Es wird dem Menschen lediglich die Möglichkeit zugesprochen, sich dem Kosmos zu öffnen. Alle Informationen, Bewertungen, Vorhersagen oder sonstige übergeordnete Zustände würden sozusagen von oben in uns hineingeschüttet. Der Körper ist in diesem Denkmodell das Gefäß für die Seele, während die geöffnete Seele wiederum ein Gefäß für einströmende himmlische Botschaften ist.

Auch wenn Ihnen dieser Erklärungsansatz ungewöhnlich erscheinen mag, ist es durchaus möglich, dass sich die intuitiven Zusammenhänge auch hierin widerspiegeln. Allerdings ist auch der esoterische Ansatz nur einer unter vielen.

Andere Ansätze

Die Anschauung, Intuition sei unser sechster Sinn und eine dem Verstand gegenüberstehende, urteilende Kraft ist nur ein Erklärungsversuch, eben die westliche Art, sich diesen Vorgängen anzunähern. Es ist für uns ganz in wissenschaftlicher Terminologie erzogenen Menschen leichter zu verstehen, wenn wir die Intuition als sechsten Sinn bezeichnen. Wir kennen die fünf Sinne, haben sie untersucht und fühlen uns wohler, wenn wir die Intuition in das bekannte Schema einordnen können. Manchmal muss etwas Neues zuerst in die alte Weltsicht integriert werden, bevor es den alten Rahmen sprengen kann.

Andere Kulturen und Denksysteme haben ganz andere Erklärungsmodelle für das Phänomen Intuition, wobei eines bei allen Unterschieden bestehen bleibt: Intuition ist allen Völkern zu allen Zeiten, in allen Kulturepochen und allen Religionen bekannt gewesen. Nur die Erklärungen dafür sind sehr verschieden. Viele Religionen haben Intuition in ganz unterschiedlicher Verpackung in den göttlichen Bereich entrückt. In vielen Völkern ist der intuitive Zustand eine besondere Auszeichnung, die einem Menschen von den Göttern zuteil wird.

Intuition war und ist überall bekannt

In einigen afrikanischen Stämmen entstanden rituelle Tänze, um ein besonders begabtes Medium in Trance zu versetzen. Die in Trance geäußerten Worte wurden als Botschaften der Götter oder einer bestimmten Gottheit verstanden.

Ähnliche Begründungen fand das Heilen mit intuitivem Wissen, welches den indianischen Medizinmännern zugeschrieben wurde. Bei besonderen körperlichen oder seelischen Problemen wurden von auserwählten Schamanen die Götter oder Manitu selbst befragt, und die Antworten wurden gläubig umgesetzt. Niemand kam auf die Idee, dieses Wissen der eigenen Intuition zuzuschreiben. Wir sollten vorsichtig sein, an dieser Stelle zu lachen, denn unsere Erklärung der Intuition als persönlicher sechster Sinn ist auch nur ein Erklärungsversuch! Vielleicht sind es ja in Wahrheit doch himmlische Botschaften, die wir empfangen! Oder es ist beides! Oder es ist ganz anders! Wir sollten unseren aktuellen Erklärungsversuch zunächst einmal als Übergangslösung betrachten, bis wir es besser wissen – vielleicht kann uns ja die Intuition dabei helfen.

Trance-Zustände, das intuitive Entrücktsein, Wahrsagung, Vorahnungen und das Empfangen himmlischer Botschaften waren schon immer das Gebiet der aktiven Intuition.

Trance-Zustände

In der buddhistischen Tradition wurden über Jahrtausende bestimmte Atemtechniken entwickelt, die einen aktiven und gezielten Umgang mit der Intuition ermöglichen. Vor dem Hintergrund buddhistischen Gedankenguts erklärt sich Intuition ebenfalls als göttliche Führung und als eine Möglichkeit, in die himmlischen ewigen Sphären zu „schauen", um das durch Begierden getriebene und dadurch zur Wiedergeburt verurteilte irdische Dasein seelisch zu überwinden.

Andere Völker haben den Zusammenhang zwischen Atmung und Aktivierung der Intuition nicht erkannt. Dies bleibt eine bahnbrechende Entdeckung der östlichen buddhistischen Welt. Viele Lehrer, Meister und Gurus haben in diesem Jahrhundert dieses Wissen, eingebunden in die unterschiedlichsten Schulen, in die westliche Welt gebracht. Da die Neugierde ahnungsloser Abendländer jedoch vielfach von skrupellosen Geschäftemachern ausgenutzt wurde, ist dieses Wissen in den Hintergrund geraten und nicht voll zur Kenntnis genommen worden. Zudem erschwert die spezielle Ausdrucksweise dieser Lehren uns Wissenschaftsorientierten den Zugang.

Buddhismus brachte Intuition in den Westen

WICHTIG!

Atem- und Meditationstechniken aus östlichen Kulturkreisen sind bislang der einzige bekannte Weg, um die Intuition bewusst und gezielt zu steuern. Keine andere Kultur, Religion oder Nation hat eine vergleichbar effektive Methode zur Aktivierung des sechsten Sinnes entdeckt, zumindest soweit wir aus der uns überlieferten Geschichte wissen.

Andere Völker und Kulturen beobachteten, dass sich die sporadisch auftretende Intuition durch bestimmte Natursubstanzen hervorlocken ließ. Vielfach wurden Kräuter und sogar bestimmte Drogen herangezogen, um den Zustand der intuitiven Entrücktheit zu provozieren. Schon die alten Orakel der Antike, zum Beispiel in Delphi, bedienten sich bestimmter Kräuter, die meist verräuchert und inhaliert wurden, um eine Öffnung der Intuition zu erreichen. Viele dieser stets geheimgehaltenen und nur bestimmten Priestern zugänglichen Rezepturen sind verloren gegangen. Zumindest wissen wir jedoch, dass beispielsweise verräucherter Lorbeer hellseherische Wirkung haben kann. Ebenso wurden viele natürliche Halluzinogene benutzt, um in andere „Dimensionen" zu gelangen. Zwar wurde oft erreicht, dass sich der so Be-

Wecken der Intuition durch Drogen

handelte „anders" fühlte als sonst, jedoch war dies nicht immer auf aktive Intuition, sondern auf schlichte Rauschzustände zurückzuführen. Im alten Griechenland wurde dem Wein eine für die Intuition öffnende Wirkung zugeschrieben, wie die alten Bacchus-Kulte belegen. Auch die Wikinger hielten den Met-Rausch für heilig, und im betrunkenen Zustand gegebene Versprechen mussten eingehalten werden, sonst zog man sich den Zorn rauhbeiniger Götter zu.

Andere Völker entwickelten ausgefeilte Anwendungen, um durch Kräuter oder andere natürliche Substanzen gezielt entrückte Zustände herbeiführen zu können.

Die indianische Medizin wurde für ihre Möglichkeiten der intuitiven Entrückung berühmt. Carlos Castaneda sorgte in den 70er Jahren für atemlose Spannung bei seinen Lesern, als er beschrieb, wie er mit Hilfe eines Pilzpulvers plötzlich Fäden „sah", die alle Wesen und Dinge miteinander verbanden. Diese „Spinnennetze", die alles auf der Welt miteinander verweben, charakterisieren eine typisch schamanistische Sichtweise und liefern ein besonders interessantes Erklärungsmodell für unsere Intuition.

Carlos Castaneda

Das Energienetzwerk

Serge Kahili King, ein Schamane aus Hawaii amerikanischer Herkunft und Bildung, hat in seinen zahlreichen Büchern das im vorangegangenen Abschnitt erwähnte Energienetzwerk beschrieben. Demnach besteht alles auf dieser Welt, ob Pflanze, Tier, Mensch, Gegenstand oder auch komplexere Zusammenhänge aus einem speziellen, individuellen Energiemuster. Die einzelnen Energiemuster sind zwar in sich geschlossene Einheiten, stehen jedoch mit den sie umgebenden Energieeinheiten durch so etwas wie energetische Fäden in Verbindung. So bildet jede kleine Einheit mit den sie umgebenden Mustern wiederum ein größeres Energiemuster, und diese größeren Energiemuster stehen wieder mit noch größeren Mustern in Zusammenhängen, bis letztlich die ganze Erde ein einziges mit- und ineinander verzahntes Energienetzwerk darstellt. Die von den Schamanen praktizierten geisti-

Individuelle Energiemuster

gen und naturmedizinischen Techniken beschäftigen sich nun mit der Veränderung dieser Energiemuster. Ein Kranker hat auch ein krankes Energiemuster, das wieder gerade gerückt werden kann, so dass er wieder gesund wird.

Natürlich ist dieser Erklärungsansatz hier stark vereinfacht dargestellt, aber die Grundstruktur stimmt. Um ein gewisses Energiemuster oder -netzwerk sehen zu können, muss sich ein Schamane natürlich in jenen besonderen Zustand versetzen, den wir aktive Intuition nennen. Dann kann er „sehen", welche Störung vorliegt. Diese innere „Sicht" lässt sich auch auf größere Zusammenhänge ausdehnen, etwa auf die Erde oder darüber hinaus, denn der Schamane kann sich in diesem Energienetzwerk verändernd bewegen.

Aktive Intuition

Die schamanistische Erklärung klingt logisch: Weil wir eben mit allem energetisch verknüpft sind, können wir auch überall „hinschauen". Unser eigenes Energienetzwerk ist ja mit allen anderen Energiemustern verbunden und beinhaltet so die Möglichkeit, innerhalb dieser Netzwerke „spazieren zu gehen". So können wir auch über lange Strecken innerlich sehen oder hören, indem wir einen längeren Ausflug im Energienetzwerk machen.

Ausflug ins Energienetzwerk

Auch wenn die buddhistischen Atemtechniken allen anderen Bemühungen, die Intuition aktiv zu steuern, überlegen sind, können wir dennoch aus anderen Kulturen lernen. Viele scheinbar unauffällige Praktiken, Kräutermischungen oder Tanzrhythmen können helfen, die Intuition zu aktivieren und zu gewinnen! Viele verschiedene Wege führen zur sechsten Wahrnehmung, und jede/r kann und sollte dabei viel Spaß haben und schöne Dinge erleben. Vielleicht ist die Menschheit eines Tages gar so weit, das Wissen über die Intuition zu bündeln und daraus eine praktische geistige Wissenschaft zu machen. Dann lassen sich auch heilende Aspekte einbeziehen und müssen nicht mehr ausschließlich durch Schamanen praktiziert werden. Dann gelingt es eines Tages vielleicht, uns zuverlässig und ganz natürlich selbst zu heilen, weil wir wissen, wie wir unsere intuitiven Kräfte gezielt dafür einsetzen müssen.

Wie trainiere ich den sechsten Sinn?

Aktivieren des sechsten Sinnes

Alle Übungen, die Sie hier zur Aktivierung Ihres sechsten Sinnes finden werden, sind ein Trainingsprogramm für die innere Wahrnehmung. Unsere Intuition ist eine innere Erlebnisfähigkeit, die uns wahre Bewertungen von Zusammenhängen offenbart. Sie kann sowohl Ihre inneren Welten als auch die äußere Welt erweitert erfassen. Alle Übungen arbeiten mit der nach innen gerichteten Wahrnehmungsfähigkeit der Intuition. Die aktiven Varianten, also die Übungen, bei denen Sie Ihre Intuition bewusst auf etwas lenken, bestehen aus dem Nachbilden von äußeren Gegebenheiten. So wird zunächst im eigenen Inneren die Intuition trainiert, sich am Erfassen von Gegenständen, Lebewesen und Situationen aktiv zu beteiligen. Für die Intuition spielt es keine Rolle, ob sie auf die innere oder äußere Welt gerichtet wird. Sie erfasst ohnehin die Essenz, und die ist nicht an ein Innen oder Außen gebunden!

Aktive Varianten

Während Sie die folgenden Übungen trainieren, werden Sie feststellen, dass Ihre Intuition insgesamt trainiert wird. Ob Sie zunächst eine bestimmte Situation innerlich vollständig intuitiv erfassen, spielt keine Rolle. Ihre Intuition wird die Botschaft verstehen! Sie wünschen, dass sich die Intuition bewusst und aktiv in die Bewertung von Situationen einschaltet. Das wird sie dann auch tun. Sie werden also alles, was Sie hier als innere Übungen machen, auch in der Außenwelt erleben können! Wenn Sie beispielsweise einen Streit mit Ihrem Chef innerlich nachgebildet und vollständig intuitiv durchlebt haben, wird sich die Intuition beim nächsten Streit mit Ihrem Chef melden. Unmittelbar in der im Büro vorliegenden Situation werden Sie Unterstützung von Ihrer Intuition bekommen. Sie wird Ihnen Empfindungen übermitteln, die Ihre Sicht der Dinge erweitert, und oft sind Sie dann in der Lage, ganz andere Lösungen für Ihre Probleme zu finden. Ihre Intuition wird Sie, sobald sie aktiviert ist, überallhin begleiten.

Intuition als ständiger Begleiter

85

Ob Sie sich auf eine innere Reise machen oder etwas in der Außenwelt erleben, die Intuition wird Ihnen stets ihre Eindrücke übermitteln. So bekommen Sie im wahrsten Sinne des Wortes eine erweiterte Sicht. Alles, was Sie jetzt in Ihrer Innenwelt üben, wird Ihnen automatisch auch in der Außenwelt zur Verfügung stehen.

Die Basis-Atemübung

Mentale Vorbereitung

Ruhe ist die wichtigste Vorbereitung auf jede Übung! Sorgen Sie dafür, dass Sie während der Übung nicht gestört werden. Wenn Sie die Basis-Atemübung noch nie gemacht haben, nehmen Sie sich insgesamt eine halbe Stunde Zeit dafür. Sagen Sie Ihrer Familie, dass niemand ins Zimmer kommen soll, bis Sie fertig sind. Schließen Sie notfalls sogar die Tür ab!

Ruhe und Ungestörtsein

Schalten Sie Geräusche aus. Also: keine Musik, auch keine leise sogenannte Meditationsmusik und kein im Hintergrund laufender Fernseher. Wenn bei Ihnen häufiger das Telefon klingelt, legen Sie den Hörer beiseite, damit Sie ungestört sind. Falls Sie von Straßenlärm belästigt werden, schließen Sie zumindest das Fenster, um soviel Ruhe wie möglich zu finden.

Vermeiden Sie Termindruck, wenn Sie diese Übung noch nie oder sehr selten gemacht haben. Es ist anfangs nicht gut, unmittelbar vor einer Verabredung oder einem festen Termin schnell noch die Übung zu machen. Das zerstreut Ihre Gedanken und wird Sie davon abhalten, sich ganz zu entspannen. Nach einigem Training wird es Ihnen jedoch möglich sein, direkt vor einem Termin zu üben, und Sie werden dann geradezu auf diese Übung zurückgreifen, um ihn entspannter und frischer anzugehen. Zunächst sollten Sie sich jedoch ganz von Druck freimachen.

Gedanken vorüberziehen lassen

Machen Sie sich von Alltagsgedanken oder Sorgen frei. Das scheint manchmal kaum möglich, aber es geht! Versuchen Sie, nicht an andere Dinge wie zum Beispiel die Bügelwäsche oder den Streit mit Ihrem Chef zu denken. Wenn solche Gedanken Sie hartnäckig belästigen, lassen Sie sie an sich vorbeiziehen. Halten Sie nichts mit Ihrem Bewusstsein fest. Es ist jetzt nicht an der Zeit, um darüber nachzudenken. Das können Sie in einer halben Stunde immer noch! Nichts verlässt diesen Planeten, nur weil Sie sich eine Auszeit gönnen! Wenn Sie möchten, können Sie am Schluss des Buches vorab prüfen, wie es um den aktuellen Zustand Ihrer Intuition bestellt ist. Der dort beschriebene Test zeigt jedoch nur einen Status quo Ihres Trainingszustandes, nicht mehr!

Machen Sie den Test

Lesen Sie sich jetzt die Übung zur Öffnung des Dritten Auges genau durch, und merken Sie sich den Ablauf, damit Sie nicht zwischendurch ins Buch schauen müssen und damit die Übung unterbrechen. Da die Basis-Atemübung ohnehin die Grundlage aller aufbauenden Übungen ist, sollten Sie sie am besten gleich auswendig lernen.

Empfehlenswerte Gedanken vor Beginn der Übung:
▶ **Ich löse mich von der Außenwelt.**
▶ **Die Außenwelt ist jetzt unwichtig.**
▶ **Willkommen Innenwelt!**
Natürlich können Sie die Formulierungen Ihren Wünschen anpassen.
Wichtig ist nur, dem Bewusstsein zu vermitteln, dass Sie nun nach innen und nicht, wie gewohnt, nach außen schauen möchten.

Öffnen des Dritten Auges

Bei dieser ersten Übung, die zur Aktivierung des intuitiven Wahrnehmens gedacht ist, sollen Sie sich mit dem körperlichen Außenorgan des sechsten Sinnes, dem Dritten Auge, vertraut machen. Auch wenn das für die Intuition zuständige innere Organ noch nicht genau bekannt ist, bleibt die wahrnehmende Bewegung im Dritten Auge, zwischen den anderen beiden Augen, für uns spürbar. So wie optische Sinneseindrücke in den Augen oder akustische Signale in den Ohren wird der sechste Sinn im Dritten Auge umgesetzt. Die Öffnung des Dritten Auges wird auch den Geist öffnen, ihn von der Außenwelt abziehen und nach innen richten. Die Innenschau ist Aufgabe der Intuition und eben nicht auf die Außenwelt, sondern auf die Innenwelt gerichtet. Dazu gehören nicht nur das eigene Wesen, die eigene Seele, sondern auch die

Öffnen des Geistes

Essenz aller Dinge. Die Innenschau öffnet nach einiger Zeit des Übens ein Fenster zum Kosmos, zum Ursprung allen Lebens, zu Gott oder zu den unveränderlichen Wahrheiten. Jede Weltanschauung hat in diesem Punkt ihre eigene Bezeichnung für die Dimension, in die wir mit Hilfe des Dritten Auges schauen können. Hier nun die Übung:

1. Setzen Sie sich auf einen bequemen Stuhl ohne Armlehnen. Falls er eine Polsterung hat, sollte der Bezug möglichst aus Naturfaser sein. Ansonsten können Sie ein Baumwolltuch oder – um statische Aufladung zu vermeiden – ein Seidentuch über das Polster legen. Der Stuhl sollte möglichst frei stehen, so dass Sie keinen anderen Gegenstand berühren.

2. Setzen Sie die Füße barfuß oder in Naturfasersocken mit der Sohle fest auf. Lassen Sie zwischen Ihren Beinen so viel Raum, dass sich beide Beine an keiner Stelle berühren. Machen Sie Ihren Rücken gerade, aber so, dass Sie immer noch bequem sitzen, und ziehen Sie Ihre Schultern nach unten. Wenden Sie jetzt den Kopf ganz leicht hin und her, als würden Sie ihn aus dem meist verspannten Schultergürtel herausdrehen. Nun ziehen Sie die Schultern einmal hoch und lassen sie wieder *Nicht verspannen!* fallen. Trotz dieser geraden Haltung bitte nicht verspannen oder die Muskeln unnötig anspannen. Es soll eine entspannte, aufrechte Sitzhaltung werden.

3. Nun wenden Sie die Handflächen nach oben, so dass sie zur Zimmerdecke zeigen. Legen Sie die Hände mit dem Handrücken leicht auf den Oberschenkeln ab.

4. Schließen Sie die Augen.

5. Atmen Sie einmal tief ein. Halten Sie den Atem an, und zählen Sie dabei bis drei. Wenn Sie den Atem etwas länger anhalten möchten, tun Sie es, und zählen Sie weiter! Die Zahl, bis zu der Sie jetzt zählen, sollte jedoch immer die gleiche bleiben! Es geht darum, den Atem ruhig und regelmäßig einzustellen. Es wird tiefer und langsamer geatmet als gewöhnlich! Nicht hektisch atmen, das könnte zur Hyperventilation führen. Ganz ruhig, langsam und tief atmen.

6. Atmen Sie nun ebenso ruhig und langsam wieder aus, bis keine verbrauchte Luft mehr in der Lunge ist. Halten Sie dann wieder den Atem an, und zählen Sie bis drei bzw. zu derselben Zahl, die Sie beim Einatmen erreicht haben.

Ruhig, langsam und tief atmen

7. Dieses Einatmen und Ausatmen mit der kleinen Atempause, die immer exakt die gleiche Zahlenlänge haben sollte, wiederholen Sie ungefähr zehn Mal, bis Sie merken, dass Sie ganz ruhig werden.

8. Überlassen Sie Ihren Atem jetzt wieder sich selbst, und konzentrieren Sie sich nicht mehr darauf. Ihr Körper wird das meditative Atmen weiterführen, ohne Ihr Bewusstsein zu beanspruchen.

9. Führen Sie jetzt mit geschlossenen Augen den Zeigefinger kurz an Ihr Drittes Auge. Tippen Sie ganz leicht mit der Fingerkuppe darauf, und legen Sie Ihre Hand sofort zurück auf den Oberschenkel. Dies ist nur eine Orientierungshilfe für den Anfang. Später ist es besser, wenn Sie die Übung ohne das Tippen machen.

Orientierungshilfe

10. Halten Sie die Augen nach wie vor geschlossen. Konzentrieren Sie jetzt Ihren inneren Blick auf das Dritte Auge, das etwas oberhalb zwischen Ihren Augen liegt. Sie spüren sicher noch das Tippen Ihres Zeigefingers. Versuchen Sie, sich nur auf diesen Punkt zwischen den Augen zu konzentrieren. Zu Anfang geschieht es leicht, dass man unbewusst die Augenbrauen zusammenzieht oder unter den geschlossenen Lidern schielt. Achten Sie darauf, und vermeiden Sie es. Die Stirn ist entspannt, nicht gerunzelt. Die Augen ruhen, ohne zu schielen, entspannt unter den Lidern. Die Konzentration auf das Dritte Auge ist rein geistig! Sie brauchen dafür keine Muskeln.

11. Ihre Aufmerksamkeit ist ganz auf das Dritte Auge gerichtet. Versuchen Sie jetzt, die Wärme zu spüren, die sich im Dritten Auge auf der Stirn ausbreitet. Vielleicht kommt auch noch ein angenehmes Prickeln oder ein leichtes Vibrieren hinzu. So öffnet sich das Dritte Auge!

12. Sie spüren die angenehme Wärme, das Prickeln im Dritten Auge und fühlen sich entspannt und wohl.

13. Genießen Sie diesen Zustand eine Weile. Sie können versuchen, das helle Licht im Dritten Auge zu sehen. Halten Sie dabei jedoch die beiden anderen Augen stets geschlossen, und atmen Sie ganz ruhig. Wenn Sie das Dritte Auge genug gefühlt haben, können Sie diese Übung mit folgendem Schritt beenden:

14. Ballen Sie Ihre Hände zu Fäusten, und spannen Sie Arme und Beine an. Und entspannen! Wieder den ganzen Körper anspannen – und entspannen. Jetzt räkeln und strecken Sie sich ein wenig auf dem Stuhl herum. Und erst jetzt machen Sie die Augen auf. Sie werden sich mit Sicherheit viel entspannter und wohler fühlen als vor der Übung!

Genießen Sie es!

Vielen Menschen passiert nach dieser Übung etwas sehr Angenehmes. Nach dem Öffnen des Dritten Auges und Beenden dieser Übung scheinen die übrigen fünf Sinne wie geschärft zu sein. Der überwiegende Teil sieht viel besser, schärfer und intensiver als sonst. Andere hören sogar besser. Wieder andere schmecken viel intensiver. Bei fast jedem ist mindestens einer der fünf Außensinne in seiner Wahrnehmungsfähigkeit gesteigert. Diese Steigerung der Sinneswahrnehmungen entsteht, weil Sie Ihr Drittes Auge geöffnet haben und nun der sechste Sinn aktiv ist. Sie sehen sozusagen mit doppelter Kraft: zum einen mit Ihren den fünf Sinnen zugehörigen Augen, zum anderen mit Ihrem Dritten Auge!

TIPP

Sie sollten sich merken, welcher Ihrer Sinne nach der Übung geschärft ist, denn danach können Sie die weiteren Übungen ausrichten. Wenn Sie besonders klar und intensiv sehen, so wählen Sie im Anschluß die Übung „Intuitives Sehen". Falls Sie besonders intensiv riechen, machen Sie zuerst die Übung „Intuitives Riechen". Natürlich sollten Sie alle aufbauenden Übungen machen, die Reihenfolge kann jedoch individuell verschieden sein.

Manche von Ihnen werden das ruhige, tiefe, regelmäßige Atmen vom Autogenen Training her kennen. Hier besteht eine grundlegende Verwandtschaft: Der Zusammenhang zwischen Atmung und Bewusstseinsebene ist gleich! Den Unterschied machen die beiden Atempausen beim Ein- und Ausatmen. Das tiefe, ruhige Atmen des Autogenen Trainings erreicht das Unterbewusstsein, während durch Hinzufügen der Atempausen das Überbewusstsein bzw. das Höhere Selbst angesprochen wird.

Atemtechnik und Bewusstseinsebene

Unser alltägliches Atmen im Wachzustand aktiviert hingegen lediglich das Bewusstsein. Wir können also durch die Atemtechnik bestimmen, mit welchem Teil unseres Selbst wir aktiv arbeiten oder wahrnehmen möchten: Unterbewusstsein, Bewusstsein oder Überbewusstsein.

Die Basis-Atemübung wird in allen Kulturen angewandt, wenn es darum geht, Intuition zu aktivieren. Deshalb ist sie von Indien bis Hawaii auch immer Teil jeder Übung mit der Intuition.

W I C H T I G !

Das rhythmische, ruhige und tiefe Atmen, kombiniert mit den beiden gleichlangen Atempausen ist die Grundlage jeder Aktivierung der Intuition. Deshalb ist es besonders wichtig, dieses Atmen immer wieder zu üben. Wenn Sie Ihre Intuition trainieren und zu weiteren Abenteuern mit dem sechsten Sinn aufbrechen möchten, sollten Sie diese Basis-Atemübung zur täglichen Gewohnheit machen.

Aufbauende Wahrnehmungsübungen
Zwei Methoden zur Nutzung der Intuition

Mit den aufbauenden Übungen beginnt die echte Schulung der Intuition. Die Basis-Atemübung hat Ihnen gezeigt, wie Sie Ihr Drittes Auge öffnen, also den sechsten Sinn aktivieren können. Nach dieser Übung ist Ihre Intuition sozusagen einsatzbereit. Es gibt nun zwei Methoden, um sie zu nutzen:

1. Sie können sich von Ihrer Intuition führen lassen.
2. Sie können Ihre Intuition gezielt auf etwas ausrichten, um mehr wahrzunehmen.

Bei den höheren Wahrnehmungsübungen übernimmt die Intuition die Führung, und Sie lassen sich zeigen, was Sie erleben sollen. Es kann auch im Alltag manchmal sehr nützlich und sinnvoll sein, der Intuition die Führung zu überlassen. Diese Entscheidung können nur Sie allein treffen. Meist hilft einfaches Ausprobieren, um Erfahrungen zu sammeln, wo intuitives Sich-führen-Lassen sinnvoll ist und wo nicht. Das Schweifen Lassen der Intuition ist Teil der inneren Reisen und kann Ihnen viele Dinge zeigen, die Sie bewusst nie im Leben erahnt hätten.

Die Führung abgeben …

Die zweite Methode, die Intuition bewusst zu nutzen, besteht darin, sie absichtlich und gezielt auf etwas zu richten. Das kann ein Gegenstand, eine Person oder eine Situation sein, über die Sie mehr erfahren wollen. Dieses „mehr" bedeutet dann, umfassender oder vollständiger wahrzunehmen.

Die Intuition hilft Ihnen, einen „Blick hinter die Kulissen" zu werfen, und verschafft Ihnen Zusatzinformationen, die Sie von falschen Entscheidungen abhalten können. In diesen Fällen bestimmen Sie, worauf sich die Intuition richten und welche Zusammenhänge sie durchleuchten soll. Alle aufbauenden Übungen trainieren das bewusste und gezielte Ausrichten der Intuition auf Ziele, die Sie bestimmen.

… und mehr erkennen

Das gezielte Benutzen des sechsten Sinnes geschieht seltener als das Sich-führen-Lassen, weil die Intuition bislang oft in magische Sphären verschoben wurde. Dabei ist sie eine ganz reale Fähigkeit – was nicht gegen magische Sphären spricht.

Um den Unterschied zwischen aktiver und passiver intuitiver Wahrnehmung zu verdeutlichen, gibt es bei den Übungen immer eine aktive und eine passive Variante. Bei der aktiven Übung richten Sie Ihre Intuition willentlich und bewusst auf etwas Bestimmtes und gestalten es. Bei der passiven Übung lassen Sie sich von der Intuition führen und schauen zu.

Beide Varianten wechseln sich im Leben normalerweise ab und gehen ineinander über. Es ist jedoch gut, die eigene Intuition steuern zu können! Beide Varianten zu üben, ist ein hervorragendes Training und wird Ihnen rasch Fortschritte bringen.

Für ein bewusstes Training der intuitiven Fähigkeit hat sich als effektiv herausgestellt, die verschiedenen inneren Wahrnehmungsmöglichkeiten einzeln zu üben. Das intuitive Sehen, Hören, Tasten, Riechen (oder Schmecken) ist mit den gleichnamigen Außensinnen verwandt. Die Wahrnehmungen sind sich ähnlich, gleichen allerdings eher Spiegelbildern. Es gibt deutliche Unterschiede. Beispielsweise kann das Bild eines Gegenstandes in der inneren Wahrnehmung willentlich beeinflusst und verändert werden, während uns dies bei materiellen Gegenständen durch reine Willenskraft nicht gelingt. Auch sind die Außensinne an Raum und Zeit gebunden, während dies bei der inneren Wahrnehmung nicht der Fall ist.

Wahrnehmungen einzeln üben

Intuitives Sehen

Aktive Variante
Die Schritte der Übung:

1. Öffnen Sie mit der Basis-Atemübung Ihr Drittes Auge.
2. Richten Sie den inneren Blick auf die Stelle zwischen Ihren beiden Augen – wie immer ohne Stirnrunzeln, Schielen oder sonstige körperliche Anspannung.
3. Versuchen Sie zunächst, ein helles Licht zu sehen, das vor Ihrem Dritten Auge strahlt. Manche Menschen sehen helles, manche goldenes, andere wiederum gelbes Licht, umgeben von einem bläulichen Kranz, der eventuell sternförmig ist. Auch rosa- oder lilafarbene Schattierungen sind vorgekommen.
4. Versuchen Sie nun, vor dem inneren Auge bewusst und gezielt eine Rose, Lotusblüte oder andere Blume Ihrer Wahl erstehen zu lassen. Achten Sie darauf, dass diese Blume neu entsteht, und vermeiden Sie dabei, ein Bild aus Ihrer Erinnerung zu holen! Sollte sich dies dennoch aufdrängen, nehmen Sie es an, aber verändern Sie es sofort!
5. Malen Sie diese Blume bewusst Stück für Stück, verändern Sie sie nach Belieben, mal so und mal anders, mal als Knospe und mal voll erblüht.

Gelbes Licht mit bläulichem Kranz

6. Drehen Sie die so entstandene Blume vor Ihrem inneren Auge hin und her, um sie von allen Seiten zu betrachten.

7. Stellen Sie sich die Blume nun in einer Vase auf einem Tisch vor. Gestalten Sie Vase und Tisch ebenfalls nach Belieben. Verändern Sie das Aussehen von Vase und Tisch. Sie sind an nichts gebunden, was Sie aus der Außenwelt kennen!

8. Erweitern Sie nun Ihr Bild, und platzieren Sie die Blume in der Vase auf dem Tisch in einen Raum.

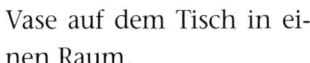

9. Wenn Sie noch mögen, schmücken Sie den Raum aus und dekorieren ihn sofort wieder um, solange es Ihnen Spaß macht.

10. Beenden Sie die Übung, indem Sie das innere Bild verblassen lassen, bis es ganz undeutlich wird und sich in verschwommenen Farben auflöst.

11. Kehren Sie zu dem hellen Licht vom Anfang der Übung zurück.

12. Spannen Sie Ihre Muskeln an, und entspannen Sie sie wieder. Strecken und räkeln Sie sich. Ballen Sie die Fäuste, ziehen Sie die Unterarme an, und öffnen Sie die Augen.

Es ist möglich, dass Sie anfangs noch Schwierigkeiten haben, das helle Licht vor dem Dritten Auge zu sehen.

Das wird sich nach einigem Üben ganz von selbst einstellen. Setzen Sie sich nicht unter Druck. Jeder hat seinen eigenen Rhythmus, und der ist weder gut, noch schlecht oder besser oder schlechter. Es ist einfach nur der eigene Rhythmus.

Sich nicht unter Druck setzen!

Auch wenn Sie noch kein helles Licht vor dem Dritten Auge sehen, können Sie die Übung mit der Blume ruhig weitermachen. Unter Umständen kehren Sie am Ende zu einem Licht zurück, das am Anfang noch nicht da war! Wenn Sie diese Übung zu Trainingszwecken öfter wiederholen möchten, was sehr empfehlenswert ist, sollten Sie den Gegenstand jedes Mal austauschen. Nehmen Sie das nächste Mal einen Baum, einen Wasserfall oder etwas anderes, das Ihnen gefällt, möglichst aus der Natur. Innere Sinneseindrücke werden nämlich von unserem Bewusstsein und Unterbewusstsein ebenso gespeichert wie Außeneindrücke. Insofern wird die Blume, die Sie soeben erblühen ließen, Teil Ihrer Erinnerung werden. Es könnte daher sein, dass Sie das nächste Mal eben nicht aktiv mit Ihrem inneren Sehen arbeiten, sondern nur ein „Erinnerungsfilm" abgespielt wird. Das sollten Sie zu vermeiden versuchen.

Erinnerungsbilder vermeiden

TIPP

Falls Sie anfangs Probleme haben, innerlich überhaupt etwas zu sehen, können Sie folgende Hilfestellung nutzen: Schauen Sie sich vor der nächsten Übung eine Blume in der Außenwelt an, und merken Sie sich dieses Bild. Rufen Sie dieses Bild nach dem Öffnen Ihres Dritten Auges wach, das heißt, erinnern Sie sich visuell an diese Blume, und beginnen Sie dann, dieses Bild innerlich zu verändern.

Passive Variante
Die Schritte der Übung:

1. Öffnen Sie mit der Basis-Atemübung Ihr Drittes Auge.
2. Richten Sie Ihren inneren Blick auf die Stelle zwischen Ihren beiden Augen, ohne Stirnrunzeln, Schielen oder sonstige körperliche Anspannung.
3. Versuchen Sie, das helles Licht zu sehen, das vor Ihrem Dritten Auge strahlt.

4. Rufen Sie das Bild einer Blume vor Ihr inneres Auge, aber gestalten Sie diesmal nichts daran. Lassen Sie die Blume unbewegt.

5. Konzentrieren Sie sich mit Willenskraft einen Moment lang aktiv auf diese unbewegte Blume.

6. Entspannen Sie sich, und lassen Sie das Bild los.

7. Überlassen Sie es jetzt Ihrer Intuition, mit dieser Blume etwas zu tun. Lehnen Sie sich innerlich zurück, und betrachten Sie wie ein Zuschauer, was Ihnen gezeigt wird. Vielleicht finden Sie die Blume plötzlich inmitten eines größeren Blumenstraußes oder eines Beetes. Was immer Ihre Intuition Ihnen zeigt, beobachten Sie es passiv und ohne weitere Einflussnahme Ihres gestaltenden Willens.

Nicht ins Bild eingreifen

8. Bald wird sich eine deutliche Empfindung zu dem Bild oder der Szene mit Blume einstellen, die Ihre Intuition Ihnen zeigt. Nehmen Sie dieses Gefühl bewusst wahr, und merken Sie es sich. Greifen Sie aber nicht in das Geschehen ein.

9. Wenn sich das Bild oder die Szene mit Blume eine Weile nicht mehr bewegt oder verändert und die dazugehörige Gefühlstönung gleich bleibt, beenden Sie die Übung. Mehr hat Ihnen Ihre Intuition zu dieser Impression nicht mitzuteilen.

10. Lassen Sie das Bild verschwimmen, und kehren Sie zu dem hellen Licht vom Anfang zurück.

11. Spannen Sie bei geschlossenen Augen Ihre Muskeln an, und entspannen Sie sie wieder. Strecken und räkeln Sie sich. Ballen Sie die Fäuste, ziehen Sie die Unterarme an, und öffnen Sie die Augen.

Ausgangsbild wechseln

Auch für die passive Variante gilt, dass Sie jedesmal ein anderes Bild als Ausgangspunkt nehmen sollten. Außerdem können Sie anfangs als Hilfestellung einen vorher betrachteten Gegenstand benutzen.

TIPP

Wenn Sie schon etwas mehr Ausdauer beim Üben mit der inneren Sicht haben, können Sie die aktive und die passive Variante auch kombinieren! Das ist besonders effektiv. Sie entwerfen zunächst eine

Blume vor Ihrem inneren Auge, gestalten diese nach Ihrem Willen, drehen und wenden sie ein bisschen und stellen sie in eine Umgebung nach Ihrer Lust und Laune. Dann lehnen Sie sich innerlich zurück und lassen das so entstandene Bild oder die Szene los. Nun schauen Sie nur noch zu, was Ihre Intuition Ihnen zeigt und welche Empfindungen sie Ihnen dazu übermittelt. Kommt das von der Intuition weitergestaltete Bild zum Stehen, dann beenden Sie die Übung wie gewohnt.

Intuitives Hören

Eine Schwierigkeit beim intuitiven Hören besteht darin, dass es oft mit Symptomen der Schizophrenie verwechselt wird und dadurch negativ vorbelastet ist. Es geht jedoch nicht darum, „fremde Stimmen" zu hören oder zu erzeugen und schon gar nicht darum, dubiosen Stimmen unbekannter Herkunft zu „gehorchen", die Eigenverantwortung abzugeben und sich auszuliefern! Deshalb noch einmal für alle gesunden, eigenverantwortlichen Menschen: Die innere Wahrnehmung durch Intuition ist weder gefährlich, noch krankhaft, noch unnormal. Es handelt sich um eine natürliche Wahrnehmungsfähigkeit, die unser Leben bereichern kann. Umgekehrt sind die aufbauenden intuitiven Übungen für krankhafte Zustände wie Schizophrenie natürlich nicht geeignet. Diese Patienten müssen aus Selbstschutz darauf verzichten.

Innere Wahrnehmung durch Intuition ist normal!

Aktive Variante

Vielen Menschen fällt es schwer, einfach „nur so" intuitiv zu hören. Deshalb kann beim Üben auch ein inneres Bild herangezogen und sozusagen „vertont" werden. Musisch Begabte werden es leichter haben, sich rein auf den inneren Ton zu konzentrieren. Hier gibt es wie immer keine Regeln, was besser oder schlechter ist. Jede/r soll Zugang suchen, wie es am besten geht. Es ist ganz normal, wenn die innerlich gehörten Töne nicht allzu laut sind, vielmehr erreicht das innere Hören eher selten höhere „Lautstärke". Aber natürlich ist auch dies individuell.

Die Schritte der Übung:

1. Öffnen Sie Ihr Drittes Auge mit der Basis-Atemübung.
2. Richten Sie Ihren inneren Blick zwischen die Augen auf das helle Licht.
3. Lassen Sie innerlich eine Melodie entstehen, die von einer Stimme gesungen oder gesummt wird. Gestalten Sie diese

Musik nach Ihrem Geschmack. Wenn Sie mögen, können Sie noch Begleitstimmen entstehen lassen oder ein Orchester hinzunehmen. Vergessen Sie aber nicht, die Musik zu steuern, denn das ist beim Hören etwas schwieriger, da wir gewohnt sind, mit dem Außensinn passiv zuzuhören. Greifen Sie immer wieder in die Gestaltung der Musik ein. Sie werden feststellen, dass Ihre intuitive Musikalität unabhängig davon, ob Sie in der Außenwelt musikalisch sind oder ein Instrument beherrschen, gut funktioniert!

Immer wieder ins Bild eingreifen

4. Wenn Sie Schwierigkeiten mit der reinen Musik haben, können Sie auch ein Bild zur Hilfe nehmen. Schaffen Sie sich eine Sängerin oder einen Sänger, der nach Ihrem Willen singt. Falls sich Ihnen ein bekanntes Bild aufdrängt, nehmen Sie es, aber verändern Sie es sofort.
5. Falls Sie das Entstehenlassen von Musik zu schwierig finden, können Sie auch einen Vogel zwitschern lassen.
6. Wenn Sie genug gehört haben, lassen Sie die Musik verblassen, das heißt leiser und leiser werden, bis sie ganz verschwunden ist.
7. Richten Sie dann den inneren Blick wieder auf das helle Licht vor Ihrem Dritten Auge.
8. Spannen Sie bei geschlossenen Augen Ihre Muskeln an, und entspannen Sie sie wieder. Strecken und räkeln Sie sich. Ballen Sie die Fäuste, ziehen Sie die Unterarme an, und öffnen Sie die Augen.

Wetten, dass Sie sich das intuitive Hören viel schwerer vorgestellt haben!

Viele Menschen denken vor der Übung: ‚Das geht nicht! Ich kann das nicht!' Und nun ging es doch ganz leicht. Schön, nicht?!

Auch beim intuitiven Hören sollten Sie Melodien und Instrumente ebenso wie das Einstiegsbild, wenn Sie es noch brauchen, jedes Mal verändern.

Passive Variante
Die Schritte der Übung:
1. Öffnen Sie Ihr Drittes Auge mit der Basis-Atemübung.
2. Richten Sie Ihren inneren Blick auf das helle Licht vor Ihrem Dritten Auge.
3. Denken Sie ein Wort, zum Beispiel „Musik", „Vogelzwitschern" oder „Gesang", je nachdem, was Sie wünschen.
4. Lehnen Sie sich innerlich zurück, und lauschen Sie Ihrer Intuition. Greifen Sie nicht mit dem Willen oder Bewusstsein ein! Hören Sie einfach zu.
5. Es geschieht häufig, dass ein Mensch in der Intuition ganz andere Musik hört, als er normalerweise bewußt „mag". Hier werden Ihnen musikalische Vorlieben Ihrer Seele gezeigt, die Sie noch nicht kannten!
6. Lauschen Sie, so lange Sie mögen oder bis die Musik zu Ende ist. Dies ist allerdings eher selten, meist haben Sie einfach irgendwann genug gehört, denn die so allgemein mit „Musik" aufgeforderte Intuition kann endlos weitermachen!
7. Wenn Sie die Übung beenden wollen, lassen Sie die Musik willentlich leiser und leiser werden, bis sie ganz verklungen ist.
8. Spannen Sie bei geschlossenen Augen Ihre Muskeln an, und entspannen Sie sie wieder. Strecken und räkeln Sie sich. Ballen Sie die Fäuste, ziehen Sie die Unterarme an, und öffnen Sie die Augen.

Sich zurücklehnen und lauschen

Mit der Musik im Inneren lassen sich schöne Erfahrungen und Experimente machen! So können Sie Ihrer Intuition bei der nächsten Übung sagen, dass Sie eine der intuitiven Lieblingsmelodien hören möchten. Oder Sie fragen nach einer besonders schönen Musik für gute Laune, Liebe oder Kraft. Sie können auch die in-

tuitive Musik für bestimmte vergangene Ereignisse anfordern!
Die kennen Sie bestimmt noch nicht!

Selbst die Musik einzelner innerer Organe können Sie anhören und den Zustand des betreffenden Organs nachempfinden! Ihrer Auswahl sind keine Grenzen gesetzt.

Musik innerer Organe

TIPP

Selbstverständlich können Sie statt Musik auch eine Sprechstimme hören. Dies ist jedoch als intuitive akustische Übung für den Anfang nicht so gut geeignet. Es sind hierfür besonders bei der passiven Variante noch weiterführende Vorbereitungen nötig und Unterscheidungen zu treffen. Falls Sie dennoch passiv eine Stimme hören möchten, wählen Sie Ihre eigene innere Stimme. Das ist eine wirklich sinnvolle Wahl. Für die aktive Hörvariante gibt es keine Schwierigkeiten, eine Person oder Stimme ganz nach Ihrem Willen sprechen zu lassen. Wenn Ihnen das mehr Spaß macht, als Musik zu kreieren, tun Sie es.

Eine Besonderheit der passiven Variante des intuitiven Hörens ist die sogenannte „innere Stimme" (s. u.). Hier meldet sich die Intuition von sich aus und führt uns über akustische Wahrnehmungen auf schnellstem Weg wichtige Informationen zu, die unserem Bewusstsein fehlen.

Die „innere Stimme"

TIPP

Bei der Hörübung kann die Kombination von aktiver und passiver Variante sehr interessant sein. Zunächst geben Sie aktiv vor, welche Melodie „gespielt" werden soll, dann lassen Sie los, und überlassen Ihrer Intuition die weitere Ausführung.

Eine Besonderheit – Das Hören der inneren Stimme

Die „innere Stimme" haben schon viele von uns erlebt, ohne dabei unbedingt an Intuition oder den sechsten Sinn gedacht zu haben. Wir erleben oft Situationen, die „irgendwie" nicht gut für uns sind, die wir uns jedoch durch den Verstand oder die fünf Außensinne nicht erklären können. Wir wissen einfach nicht, warum etwas nicht gut für uns ist, und entziehen uns dann auch nicht. Wenn es manchmal dennoch – ohne unser bewusstes Wissen – bedrohlich oder zumindest sehr unangenehm für uns werden könnte, warnt uns die „innere Stimme". Sie ist keine andere Stimme, sondern unsere eigene, die sozusagen von innen heraus klingt.

Auf diese Stimme zu hören, besonders, wenn sie uns warnt, ist immer gut. Letztlich aber sind wir es immer selbst, die die Entscheidung zu treffen haben, ob wir uns auf unser intuitives Urteil oder auf die Außensinne verlassen wollen. Indessen kann es nie schaden, auf die innere Stimme der Intuition zu hören, denn wenn sie sich meldet, ist es meist auch ernst!

Während der Intuitionsübungen kann es sein, dass sich Ihre innere Stimme verstärkt oder überhaupt zum ersten Mal meldet. Es zeigt, dass Sie Ihre Intuition schon so weit geweckt haben, dass sie Wahrnehmungen jetzt Ihrem Bewusstsein meldet. Denn um nichts anderes handelt es sich: Die Intuition wählt den inneren Weg oder auch die innere Präsentationsform, die Sie am besten vertragen und annehmen können. Manche Menschen empfinden es als sehr angenehm, eine kleine innere Stimme ihrer Intuition zu hören, andere bevorzugen eine deutliche Gefühlswallung, wieder andere können mit kurzen „Bildeinspielungen" am meisten anfangen. Je nach Ihrer persönlichen Vorliebe wird die Intuition einen dieser Wege wählen, die innere Stimme ist nur einer davon. Diese nicht bewusst angeforderten Zusatzinformationen, die ganz plötzlich durch die Intuition geliefert werden, sollten Sie aufmerksam beachten, denn meiner Erfahrung nach bewahren sie fast immer vor Schaden.

Intuitives Tasten

Zugegeben, das intuitive Tasten ist nicht ganz einfach. Es kann eine Weile dauern, bis Sie tatsächlich ein zartes Berühren empfinden. Dennoch sollte es unbedingt zu Ihrem Trainingsprogramm gehören, denn notfalls wird Ihre Intuition Sie auch mit intuitiven Tastempfindungen versorgen. Der intuitive Tastsinn ist nichts, auf das wir wirklich verzichten könnten!

Aktive Variante

Die Schritte der Übung:

1. Öffnen Sie Ihr Drittes Auge mit der Basis-Atemübung.

2. Richten Sie den inneren Blick auf das Licht vor Ihrem Dritten Auge, wobei die Augen des Außensinns geschlossen bleiben.

3. Stellen Sie sich einen Gegenstand vor, wenn Sie möchten auch bildlich, den sie aktiv ertasten wollen, zum Beispiel ein Samttuch.

4. Versuchen Sie, die Tastempfindung „Samt" zu spüren, ganz gleich, wie schwach sie zu Anfang sein mag. Versuchen Sie nicht, Ihre Hände zur Hilfe zu nehmen. Diese ruhen, wie immer, auf den Oberschenkeln, mit den Handflächen nach oben.

5. Falls es Ihnen hilft, können Sie Ihre Hände imaginär zur Hilfe nehmen, das heißt, Sie können sich vorstellen, wie Ihre Hände den Samt berühren. Sie können also Ihre Hände vor dem inneren Auge sehen, aber bewegen Sie die Hände nicht in der Außenwelt!

    Hände ruhig halten!

6. Sie brauchen für diese Tastempfindung ziemlich viel Konzentration. Versuchen Sie, immer wieder über den Samt zu streichen und ihn zu empfinden.

7. Beenden Sie die Übung, wenn Ihnen dies gelungen ist oder wenn Sie erschöpft sind.

8. Lassen Sie den Tasteindruck verblassen, bis er ganz verschwunden ist. Wenn Sie das Bild „Samt" zur Hilfe genommen haben, lassen sie auch dieses verschwinden.

9. Kehren Sie zu dem hellen Licht vor Ihrem Dritten Auge zurück und beenden die Übung durch Anspannen und Entspannen der Muskeln. Räkeln und strecken Sie sich, ballen Sie die Fäuste, und öffnen Sie erst danach die Augen.

Die Tastübung erfordert bei den meisten Menschen viel mehr Training als das intuitive Sehen und Hören. Machen Sie sich nichts daraus, üben Sie einfach. Sie haben genug Zeit zum Üben. Auch hier sollten Sie jedes Mal eine andere Tastempfindung wählen, vielleicht einmal ein Stück Holz, Marmor oder Seide, je nach Lust und Laune.

Viel Training erforderlich

> ## TIPP
>
> Zur Unterstützung können Sie sich den Gegenstand, den Sie erfühlen wollen, vor der Übung noch einmal gründlich in der Außenwelt anschauen und abtasten. In der Übung können Sie dann mit dieser Erinnerung starten. Beginnen Sie aber sofort, das Bild aktiv zu verändern, damit Sie nicht nur den Erinnerungsfilm abspulen. Geben Sie dem Samt beispielsweise gleich eine andere Farbe, eine andere Dicke und Größe. Streichen Sie anders als vorher in der Außenwelt über den Samt.

Passive Variante

Die Schritte der Übung:

1. Öffnen Sie mit der Basis-Atemübung das Dritte Auge.
2. Richten Sie den inneren Blick auf das helle Licht vor Ihrem Dritten Auge.
3. Geben Sie ein Wort mit dem Zusatz „tasten" in Ihre Intuition, zum Beispiel „Stoff tasten", „Holz tasten" oder „Erde tasten".
4. Sie können auch größere Begriffsgruppen wählen und schauen, was Ihre Intuition Ihnen präsentiert, zum Beispiel „Angenehmes tasten", „Bestes Tastgefühl", „Lieblingstier tasten" oder „Freudiges tasten".
5. Wenn zu dem Tastgefühl ein Bild oder eine Szene auftaucht, lassen Sie es geschehen. Greifen Sie nicht ein, sondern überlassen Sie Ihrer Intuition die Führung. Manchmal kommt sogar noch passende Musik hinzu. Das ist alles wunderbar.
6. Schnell wird sich die emotionale Färbung der Tastempfindung einstellen. Merken Sie sich genau, wie Ihre Intuition bewertet. Vielleicht ist diese Bewertung anders als im Alltagsbewusstsein. Manchmal lernen wir, etwas als unangenehm zu klassifizieren, finden es aber intuitiv eigentlich angenehm.
7. Beenden Sie die Übung, wenn Sie genug getastet haben oder sich das Bild bzw. die Szene nicht mehr bewegt.
8. Lassen Sie die Tastempfindung und eventuell dazu aufgetauchte Bilder und Geräusche verblassen, bis alles verschwunden ist.
9. Kehren Sie zu dem hellen Licht vor Ihrem Dritten Auge zurück und beenden die Übung durch Anspannen und Entspannen

Zusätzliche Bilder und Töne sind in Ordnung

der Muskeln. Räkeln und strecken Sie sich, ballen Sie die Fäuste, und öffnen Sie erst danach die Augen.

Ebenso wie beim passiven Musikhören können Ihnen auch beim passiven intuitiven Tasten ganz andere Bewertungen und/oder Vorlieben begegnen, als Sie es von Ihrem Bewusstsein her kennen. Sie sind die wahren Vorlieben Ihres Selbst. In unser Bewusstsein mischt sich viel anerzogene Bewertung mit hinein. Wir meinen zum Beispiel, Schlangen eklig finden zu müssen, tun dies aber in Wahrheit gar nicht. Diese Widersprüche in der Bewertung von Empfindungen hilft Ihnen, sich selbst besser kennen zu lernen. Hier haben Sie die Möglichkeit, sich ohne manipulierenden oder erzieherischen Einfluß von außen ganz in Ruhe Ihre wirklichen Neigungen anzuschauen, anzuhören, durchzutasten. Denn Ihre Seele ist sicher älter als die modisch bedingten Maßstäbe unserer Jetzt-Zeit. Sie kennt ganz andere Dimensionen als die beschränkten, die Sie bislang mit Ihrem Bewusstsein aufgenommen haben.

Anerzogene Bewertungen vs. Intuition

TIPP

Niemand kann Sie zwingen, über Ihre inneren Erlebnisse zu sprechen. Teilen Sie also nur das mit, was Sie wirklich möchten, selbst wenn man Sie bedrängt. Auch nach dem Beenden der Übung ist Ihre Intuition noch aktiv und schützt Sie. Warum sollten Sie jemandem, der Hard-Rock-Fanatiker ist, erzählen, dass Sie mit Ihrer Intuition Minnegesang gehört haben? Wenn Sie dabei Unwillen spüren, lassen Sie es einfach. Was Ihre Seele mag, geht niemanden etwas an.

Intuitives Riechen und Schmecken

Intuitives Riechen und eventuell Schmecken gehören zusammen, so wie die Außensinne Schmecken und Riechen miteinander verbunden sind. Deshalb sind beide inneren Wahrnehmungsmöglichkeiten unter „intuitivem Riechen" zusammengefasst.

Für viele Übende ist das intuitive Riechen bzw. Schmecken ein bevorzugtes Feld für kühne Experimente und für viel Spaß!

Kühne Experimente und eine Menge Spaß

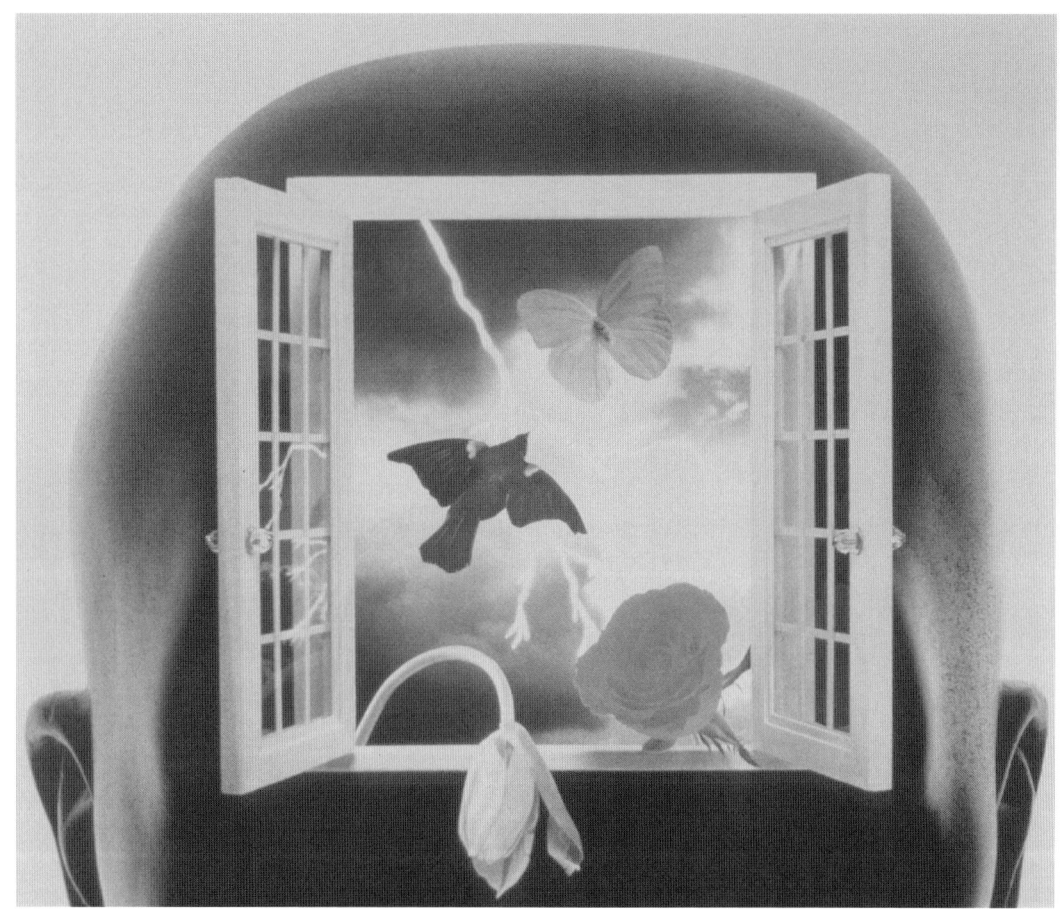

Lassen Sie sich doch einmal Ihre seelische Lieblingsspeise oder das intuitive Lieblingsparfüm zeigen! Oder fragen Sie nach einem Geruch, den Sie noch nie zuvor genossen haben, und erleben Sie ihn dann intuitiv! All das ist möglich mit unserem sechsten Sinn, denn er ist ja weder raum- noch zeitgebunden. Es ist für unsere intuitive Wahrnehmung keine besondere Schwierigkeit, ins entlegene Tibet zu reisen und den dort zubereiteten Buttertee zu schmecken. Die einzige Schwierigkeit, mit der wir bei solchen Experimenten zu kämpfen haben, ist unser kleinkariertes Bewusstsein! Es kann hin und wieder dazwischennörgeln: „Das geht doch

gar nicht!" oder „Das kenne ich aber nicht!" Schieben Sie es beiseite, es ist im Moment nicht gefragt. Wir sind in der Innenwelt,
nicht in der orts- und zeitgebundenen Außenwelt!

Wenn manche intuitiven Geruchs- und Geschmackseindrücke
sich um keinen Preis einstellen wollen und es auch nach mehre-
ren Versuchen nicht klappt: Lassen Sie es.

S E H R   W I C H T I G !

**Die Faustregel bei allen Formen intuitiver Wahrnehmung lautet:
Nicht forcieren! Üben Sie keinen Druck aus! Alles muß leicht und
locker gehen. Druck bringt hier gar nichts.**

Es kann nämlich sein, dass Ihre Intuition Ihnen manche Ge-
ruchs-oder Geschmackserlebnisse momentan nicht geben will.
Und das hat beim Riechen und Schmecken einen besonderen
Grund. Der Geruchs- und Geschmackssinn auf körperlicher Ebene ist unser ältester Sinn und hat, obwohl wir in einer optisch
und akustisch orientierten Welt leben, das längste und präziseste
Erinnerungsvermögen unter allen fünf Außensinnen. Ein einziger, längst vergangener Geruch kann in unserer Erinnerung ganze
Erlebnisketten wieder aufsteigen lassen – und zwar komplett! Das
ist die Besonderheit des Geruchssinns: Durch den Geruch werden
alle Sinneseindrücke, die mit einem vergangenen Ereignis verbunden sind, mit einem Schlag wieder lebendig. Viele erinnern
sich vielleicht an den Anfang von Marcel Prousts „Auf der Suche
nach der verlorenen Zeit".

*Unser ältester Sinn –
manchmal intuitiv
gesperrt*

Er nahm einen Schluck von einer besonderen Teesorte mit Milch,
und sofort stand seine Kindheit und das sich daran anschließen-
de Leben wieder in seinem Bewußtsein. Das hat ihn zehn Bände
an Verarbeitung gekostet! So sehr kann der Geruchs- und Geschmackssinn einen Menschen zurück in die Welt der Erinnerungen katapultieren.

*Zurück in die
Erinnerung*

Ähnliche Tragweite können auch intuitive Geruchs- und Geschmacksrichtungen haben. Und genau deshalb sperrt unsere Intuition uns manchmal den Zugriff. Denn wer weiß, ob mit dem

MERKE

Alle Warnungen, Bewertungen und Eingriffe der Intuition sind stets zu unserem Besten.

Geschmack von tibetanischem Buttertee nicht für den einen oder anderen von uns schreckliche Erlebnisse aus einem früheren Leben verbunden sind? Fürsorglich verweigert unsere Intuition deshalb manche Gerüche oder Geschmacksrichtungen, weil es einfach nicht gut für uns ist, gewisse alte Erinnerungen neu zu knüpfen, die wir unter Umständen nicht verkraften.

Aktive Variante

Die Schritte der Übung:

1. Öffnen Sie Ihr Drittes Auge mit der Basis-Atemübung.

MERKE

Sie brauchen sich nicht darum zu sorgen, das Erlebte vielleicht nicht bewältigen zu können. Sie erfahren nur, was Sie auch zu verarbeiten vermögen. Auch brauchen Sie nichts zu forcieren, denn es wird seinen Grund haben, wenn sich eine Empfindung nicht hervorrufen lässt.

Auf Abstand zwischen Geruch und Bild achten!

2. Richten Sie den inneren Blick auf das Licht vor Ihrem Dritten Auge.

3. Versuchen Sie, ohne Bildeindruck eine Rose oder Honig zu riechen. Das fällt schwer, nicht wahr? Sie sollten es trotzdem immer wieder versuchen, denn selbst der kleinste Abstand zwischen einem intuitiv rein, also ohne Bildeindruck erfassten Geruch und dem unweigerlich darauf folgenden Bild ist wichtig.

4. Versuchen Sie, diesen Abstand jedesmal etwas zu vergrößern, aber ohne Anstrengung, nur durch Konzentration auf den gewählten Geruch. Dieses Training der kleinen Pause zwischen Geruch und nachfolgendem Bild ist wichtig für alle außergewöhnlichen Gerüche, mit denen Sie einmal üben wollen. Wenn nämlich Ihre Intuition den Geruch zu sehr mit Bildern koppelt, können unbebilderte Gerüche schwer oder gar nicht wahrgenommen werden.

5. Riechen Sie alle Komponenten, die diese Geruchsimpression zu bieten hat, denn die intuitive Wahrnehmung ist genauer als die der Außensinne.

6. Wenn Sie genug gerochen oder geschmeckt haben oder der Eindruck von allein abnimmt, lassen Sie alle Impressionen verblassen und verschwinden, und kehren Sie zum inneren Blick auf das Licht vor Ihrem Dritten Auge zurück.

7. Beenden Sie die Übung durch Anspannen und Entspannen der Muskeln. Räkeln und strecken Sie sich, ballen Sie die Fäuste, und öffnen Sie erst danach die Augen.

Die aktive Variante ist
sehr schwer

H I N W E I S

Es ist sehr schwer, intuitives Riechen und Schmecken rein aktiv
durchzuführen. Dies würde bedeuten, dass Sie jeden einzelnen
Bestandteil eines Geruchs aktiv bestimmen müssten und auch nur
den von Ihnen bestimmten Teil riechen. Es ist nicht unmöglich,
aber es ist sehr sehr schwer und auch nicht unbedingt nötig. Der
intuitive Geruch wird sich immer wieder mit Bestandteilen anrei-
chern, die wir aktiv zwar nicht bestellt, die aber von Seiten unserer
Intuition hineingehören. Lassen Sie es geschehen!

Passive Variante

Das passive intuitive Riechen und Schmecken ist der Bereich, in
dem der oben beschriebene Spaß beginnt. Hier können wir nach
Herzenslust besondere Gerüche und Geschmacksrichtungen
„durchprobieren".

Die Schritte der Übung:

1. Öffnen Sie das Dritte Auge mit der Basis-Atemübung.
2. Richten Sie den inneren Blick auf das helle Licht vor Ihrem
   Dritten Auge.
3. Wählen Sie nun den Geruch oder Geschmack, den Sie erleben
   möchten. Sagen Sie beispielsweise innerlich zu Ihrer Intuition:
   „Erdbeeren schmecken" oder „Lieblingsparfüm riechen". Auch
   hier ist es wieder interessant, welche Vorlieben die Seele eigentlich hat und welche Vorlieben wir im Bewusstsein lediglich meinen haben zu müsssen.
4. Auch beim passiven Riechen bzw. Schmecken können Sie versuchen, eine kleine Pause zwischen den aufkommenden Geruch und das folgende Bild oder die Szene zu setzen. Das übt,
   denn lange werden und wollen Sie ja diesen aktiven Moment
   gar nicht halten.
5. Lehnen Sie sich innerlich zurück, und überlassen Sie Ihrer Intuition die Führung. Neben den gewünschten Gerüchen können Bilder, oft auch Geschmack und Töne oder Musik, ja sogar
   Gespräche oder Satzfragmente auftauchen. Manchmal folgen

ganze Ketten unterschiedlich belebter Szenen, die alle mit dem Geruch verbunden sind.

Begleitende Stimmungen im Gedächtnis behalten!

6. Merken Sie sich gut, welche Stimmungen die Eindrücke begleiten. Manche Ihrer Vorlieben oder Abneigungen finden hier eine ganz neue Erklärung.

7. Beenden Sie die Übung, wenn Sie genug geschmeckt und gerochen haben oder die Eindrücke konstant bleiben, indem Sie die Eindrücke verblassen lassen, bis sie verschwunden sind.

8. Richten Sie Ihren inneren Blick wieder auf das helle Licht vor Ihrem Dritten Auge.

9. Spannen und entspannen Sie Ihre Muskeln, räkeln und strecken Sie sich, und ballen Sie die Fäuste, bevor Sie die Augen wieder öffnen.

Vielleicht finden Sie interessante neue Erklärungen, warum Sie manche Gerüche oder Geschmacksrichtungen besonders mögen oder nicht. Die intuitiven Vorlieben sind nahezu deckungsgleich mit den bewussten. Nur in wenigen Fällen gelingt es, sich im Alltagsbewusstsein von einer Vorliebe für etwas zu überzeugen, das die Intuition ablehnt.

Geruch und Geschmack sind am wenigsten zu beeinflussen

In allen anderen Sinnesbereichen können Erziehung, Mode oder sonstige äußere Einflüsse unsere bewussten Vorlieben stark bestimmen. Dann finden wir zwischen den im Bewusstsein abgespeicherten Vorlieben und den wahren Vorlieben der Seele große Unterschiede. Beim Geruch und Geschmack sind diese Abweichungen meist am geringsten.

TIPP

Wenn Sie Freunde haben, die sich ebenfalls für Intuition interessieren, können Sie einmal gemeinsam einen Geruch erleben. Jeder versenkt sich unabhängig von den anderen in sein Innerstes, wie Sie es schon kennen. Nach dem Geruchserlebnis können Sie versuchen, sich gegenseitig die Gerüche oder Geschmäcker zu beschreiben. Gerade bei allen unbekannten Gerüchen oder Geschmacksrichtungen, ist es erstaunlich, wie ähnlich sich die Erfahrungen sind. Es verdeutlicht einmal mehr die Raum- und Zeitlosigkeit der Intuition.

Vollständiges Wahrnehmen

Nach den Einzelübungen der jeweiligen Sinne dürfte es nicht überraschen, dass wir auch mit allen inneren Sinnen zusammen also komplett intuitiv erleben können. Alle inneren Sinne zusammengefasst ergeben ja eigentlich erst den sechsten Sinn oder die Intuition. Dennoch sind auch all die einzelnen inneren Erlebnisse oder verschiedene Kombinationen stets die Intuition selbst, die sich auf diese sinnlich wahrnehmbare Weise bemerkbar macht. Sie tut dies, damit wir ihre Wertungen, Urteile, Warnungen oder Botschaften auch bemerken, aufnehmen und verstehen können. Die Intuition könnte vermutlich auch in ganz anderer Form zu uns sprechen, das hätte jedoch keinen Sinn, weil wir sie einfach nicht verstehen würden. Da unsere Intuition uns nützen, schützen und der Wahrheit zuführen möchte, hat sie ihr Gewand unseren gewohnten Sinnen angepaßt, ohne jedoch ihre besonderen Qualitäten zu verbergen.

Das vollständige Wahrnehmen durch Intuition beinhaltet das intuitive Sehen, Hören, Tasten, Riechen und Schmecken. Dennoch ist nicht immer jede sogenannte vollständige intuitive Wahrnehmung mit all diesen Bestandteilen ausgestattet. Es werden immer nur so viele Erscheinungsformen wie nötig gewählt. Mal enthält eine intuitive Botschaft nur Geräusche, kombiniert mit Gerüchen, ein anderes Mal sehen wir nur Bilder. Das vollständige sinnliche Programm muß also nicht zwangsläufig enthalten sein. Hinzu kommt, dass unser aktueller Trainingsstand uns manchmal auch nur Teile wahrnehmen lässt, während andere Teile noch auf das Fortschreiten des Übenden warten müssen, bis sie wahrgenommen werden.

Um eine gewisse Selbstkontrolle über den eigenen Fortschritt zu haben, sollten Sie Übungen mit bestimmten Gegenständen, Lebewesen und Situationen ab und zu wiederholen. Haben Sie beispielsweise mit dem vollständigen Erfassen einer Rose begonnen, dabei aber nur gesehen und gerochen, sollten Sie es nach einiger Zeit noch einmal probieren. Vielleicht können Sie dann die glatte und doch leicht samtige Oberfläche der Blätter ertasten oder vorsichtig einen der Dornen berühren. Bei einem weiteren Ver-

MERKE

Vollständiges intuitives Wahrnehmen heißt, alle in einem intuitiven Erlebnis enthaltenen Eindrücke aufzunehmen. Zumindest sollten wir versuchen, diesem Ziel näher zu kommen.

Nur so viele Erscheinungsformen wie nötig

Selbstkontrolle durch Wiederholen der Übungen

such hören Sie die Rose vielleicht sogar. Es könnte doch interessant sein, was sie Ihnen mitzuteilen hat.

Sie sollten also immer wieder probieren, ob manche Übung nicht doch bislang verborgene Dimensionen hat, die Sie noch nicht erlebt haben. Finden Sie sich nicht mit dem ab, was Ihr Bewusstsein dazu verkündet. Unser Alltagsbewusstsein vermittelt uns, dass man eine Rose auf keinen Fall hören kann. Nun, es weiß eben nicht alles und ist noch dazu fehlerhaft, wie jede Ansammlung von Daten ja keine echte Auswertung darstellt. Trotz der bekannten Informationen, die das Bewusstsein liefert, können also wiederholte Übungen plötzlich noch weitere Dimensionen öffnen. Lassen Sie sich überraschen!

Gegenstandsübung

Anfangs können Sie sich den ausgewählten Gegenstand ruhig erst einmal genau mit den Außensinnen betrachten, befühlen, daran riechen und ihn vielleicht auch schmecken, um ihn vollständig zu erfassen. Das ist eine kleine Hilfestellung für das beginnende Training der vollständigen inneren Wahnehmung. Nach einigem Üben werden Sie das nicht mehr brauchen.

Die Schritte der Übung:
1. Öffnen Sie Ihr Drittes Auge mit der Basis-Atemübung.
2. Richten Sie den inneren Blick auf das helle Licht vor Ihrem Dritten Auge.
3. Lassen Sie den ausgewählten Gegenstand, zum Beispiel eine bestimmte Teetasse, ein Buch oder einen Lastwagen, vor Ihrem inneren Auge entstehen. Es ist gleich, was es ist, solange er für Sie eine Bedeutung hat und in einer persönlichen Beziehung zu Ihnen steht.
4. Versuchen Sie, jedes Detail zu erkennen, und fügen Sie jene Einzelheiten hinzu, die Sie vermissen. Beim inneren Abbilden des ausgewählten Gegenstandes bewegen wir uns zunächst in einer aktiven intuitiven Phase. Noch steuern Sie Ihre intuitive Wahrnehmung selbst.

Das Objekt in allen intuitiven Sinnen wecken

5. Versuchen Sie, den Gegenstand zu hören, sofern er auch im Alltagsbewusstsein Geräusche von sich gibt. Ist dies nicht der Fall, überspringen Sie zunächst einmal das Hören.

6. Versuchen Sie, den Gegenstand zu ertasten. Fühlen Sie seine Oberfläche, so wie Sie es aus dem Alltagsbewusstsein kennen.

7. Versuchen Sie, den Gegenstand zu riechen. Wenn er in Ihrem Bewusstsein keinen Geruch hat, versuchen Sie es trotzdem. Dies ist der Übergang zur passiven intuitiven Wahrnehmung. Wenn Sie keinen Geruchseindruck bekommen, gehen Sie weiter.

8. Versuchen Sie, den Gegenstand zu schmecken. Vermittelt Ihre Intuition Ihnen keinen Geschmack, machen Sie einfach weiter.

9. Lehnen Sie sich innerlich zurück, und lassen Sie los. Sie haben den Gegenstand vollständig innerlich abgebildet. Übergeben Sie jetzt die Führung willentlich Ihrer Intuition. Greifen Sie nicht mehr in das Geschehen ein, sondern beobachten und erleben Sie alles aufmerksam.

Die Führung an die Intuition abgeben

10. Bald wird sich die emotionale Färbung, die gefühlte Bewertung der Intuition für diesen Gegenstand einfinden. Achten sie darauf, was dieses Urteil für Sie bedeutet.

11. Versuchen Sie lediglich, zwischendurch etwas zu hören, zu riechen oder zu schmecken, wenn Sie diese Eindrücke vorher nicht hatten. Tun Sie dies jedoch ohne Druck und nur als kleine Aktivierung der vollständigen Wahrnehmung.

12. Nehmen Sie alles wahr! Es können Eindrücke sein, die Sie im Alltagsbewusstsein nie für möglich gehalten hätten. Bleiben Sie ganz ruhig. Es ist alles in Ordnung. Alles, was Sie erleben, ist Teil der inneren, unmittelbaren Wahrheit.

Alles wahrnehmen!

13. Beenden Sie die Übung, wenn Sie genug erlebt haben oder die Ereignisse zum Stillstand gekommen sind, indem Sie alle Eindrücke verblassen und dann verschwinden lassen.

14. Richten Sie den inneren Blick wieder auf das helle Licht vor Ihrem Dritten Auge.

15. Spannen und entspannen Sie Ihre Muskeln, räkeln und strecken Sie sich, und ballen Sie die Hände zu Fäusten, bevor Sie die Augen wieder öffnen.

Es kann sein, dass Sie Erstaunliches erlebt haben, eine sprechende Teetasse oder einen singenden Lastwagen vielleicht – oder auch nichts dergleichen. Zumindest hat sich auf die eine oder andere Weise Ihre Wahrnehmung von diesem Gegenstand erweitert. Sie kennen jetzt Ihre emotionale Einstellung zu dieser Sache genau und wissen, welche Möglichkeiten noch in diesem Gegenstand verborgen sind.

Konsequenzen ziehen

Sollten Sie innerhalb der intuitiven Wahrnehmung eine fast unüberwindbare Abneigung gegen den wahrgenommenen Gegenstand empfunden haben, dann ist dies Ihre wahre Einstellung. Entfernen Sie das Objekt Ihrer Abwehr einfach aus Ihrem Besitz. Es hat ja keinen Zweck, aus purer Gewohnheit weiterhin aus der alten Teetasse zu trinken, die Ihre Intuition einfach nicht mag. Es wird seine Gründe haben.

HINWEIS

Vielleicht erleben Sie beim Üben der vollständigen Wahrnehmung an Gegenständen nicht sonderlich viel Neues. Aber Gegenstände sind ein guter Anfang, denn sowohl Lebewesen als auch Situationen machen die Sache erst kompliziert. Daher ist das „harmlose" Üben am Gegenstand eine gute Schulung, denn die Intuition wird trotzdem trainiert, auch wenn es mal nicht soviel Aufregendes zu entdecken gibt.

Situationsübung

Situationen bergen ein spezielles Problem: Sie gehen rasch vorüber. Wollen Sie also eine Situation intuitiv vollständig erleben, müssen Sie entweder äußerst schnell sein oder sich mit länger anhaltenden Lagen auseinander setzen.

Erst speichern, dann auswerten…

Sie können natürlich versuchen, eine Situation mit Ihren Außensinnen genau aufzunehmen, den Raum zu verlassen, sich mit der Basis-Atemübung zu versenken und dann diese Situation vor Ihrem inneren Auge wieder entstehen zu lassen. Dann können Sie loslassen und warten, was Ihnen Ihre Intuition sonst noch zeigt. Im Anschluss kehren Sie mit Ihrem erweiterten Wissen in die Situation zurück. Das wäre tatsächlich eine Möglichkeit.

In den meisten Fällen versuchen wir allerdings, über eine gerade vergangene Situation oder eine länger andauernde Lage mehr zu erfahren. Vielleicht haben Sie sich gerade mit Ihrem Partner gestritten und wissen eigentlich nicht genau, warum. Oder Ihr Chef nervt Sie pausenlos, und Sie kennen weder den Grund, noch wissen Sie, was Sie dagegen tun sollen. Hier kann die vollständige Wahrnehmung der Situation durch Intuition eine wertvolle Hilfe sein.

... oder vollständig wahrnehmen

Vorbereitung
Versuchen Sie, möglichst allen Ärger und Frust hinter sich zu lassen, bevor Sie sich versenken. Versuchen Sie auch, Ihre eigene bisherige Interpretation loszulassen. Wie Sie die jeweilige Situation bisher bewusst eingeschätzt haben, sollte zunächst nebensächlich sein, so gut es eben geht.

Die Schritte der Übung:
1. Öffnen Sie Ihr Drittes Auge mit der Basis-Atemübung.
2. Richten Sie den inneren Blick auf das helle Licht vor Ihrem Drittem Auge. Konzentrieren Sie sich diesmal etwas länger darauf, und zwar so lange, bis Sie innerlich ganz ruhig sind. Das dauert solange, wie es dauert. Innere Ruhe ist jetzt wichtig.
3. Empfangen Sie etwas von dem warmen, hellen Licht, und leiten Sie es in Ihr Inneres weiter. Dort breitet es sich aus, wärmt Sie, entspannt Sie und macht Sie ganz ruhig und ausgeglichen. Sie tanken gerade göttliche Energie. Vielleicht erleben Sie auch ein kleines, friedliches Glücksgefühl.
4. Lassen Sie sich Zeit, bis Sie genug Energie aufgenommen haben.
5. Arbeiten Sie zunächst mit Ihrer aktiven Intuition. Versuchen Sie jetzt alle visuellen Eindrücke der Situation vor Ihrem inneren Auge entstehen zu lassen, möglichst noch ohne Ton. Stellen Sie alles, Dinge und Personen, auch sich selbst, wenn Sie an der Situation unmittelbar beteiligt waren, wie auf einem Schachbrett zurecht, so wie es in der Situation war oder meistens ist. Noch soll sich nichts und niemand bewegen. Die Show hat noch nicht begonnen.

Erst die Szene aufbauen...

6. Tasten Sie sich nun durch die Situation, und fassen Sie dabei ruhig die Jacke Ihres Chefs an, oder gleiten Sie mit der Hand über den Wohnzimmertisch. Wo immer die Situation auch stattfindet, machen Sie sich in dieser tonlosen und vielleicht auch noch unbewegten Phase mit allen Details per Tastsinn vertraut.

7. Versuchen Sie jetzt, Gerüche und, wenn Sie mögen, auch Geschmackseindrücke wahrzunehmen. Es kann sein, daß sich beteiligte Personen von jetzt an schon hin und her bewegen.

8. Erlauben Sie jetzt aktiv, dass alle Geräusche und gesprochenen Worte hinzukommen.

...und dann in Ruhe betrachten

9. Lehnen Sie sich sofort innerlich zurück, und lassen Sie los. Überlassen Sie Ihrer Intuition die Führung.

10. Beobachten und erleben Sie nur, was geschieht. Mischen Sie sich nicht aktiv ein. Werden Sie auch möglichst nicht erneut wütend oder beleidigt. Sie können jetzt ohnehin nichts mehr ändern, die Situation ist bereits vorbei. Lassen Sie die Dinge geschehen, und nehmen Sie alles aufmerksam wahr, denn nun kann es sein, dass Sie neue Komponenten erleben. Die Beteiligten sagen vielleicht nicht genau das, was sie in der Situation gesagt haben. Möglicherweise sagen diese Menschen aber jetzt, was sie eigentlich gemeint haben! Und das ist sehr aufschlussreich für Sie.

11. Beeinflussen Sie auch mögliche Veränderungen am Aussehen mancher Person oder an der Umgebung nicht. Das tut Ihre Intuition, um Ihnen etwas bildlich klarzumachen. Vielleicht schrumpft Ihr Chef auf Zwergenformat und zittert, damit Sie seine Angst erkennen können. All diese Veränderungen, ob visuell, akustisch, im Geruch oder als Tasteindruck sind erweiternde Informationen, die Ihnen Ihre Intuition zukommen lässt. Zugleich werden Sie eine emotionale Färbung entsprechend der Einschätzung Ihrer Intuition erleben. Dadurch fühlen Sie beispielsweise, dass etwas für Sie selbst eigentlich ganz anders gewesen ist.

Wiederholungen akzeptieren

12. Lassen Sie die Situation so lange laufen, wie Ihre Intuition Ihnen etwas zeigt, auch wenn dabei Wiederholungen vorkom-

men. Dann haben Sie nämlich einen wichtigen Aspekt noch nicht richtig aufgenommen. Eventuell werden Ihnen sogar die wahren Gefühle oder Beweggründe der Beteiligten intuitiv übermittelt.

13. Beenden Sie die Übung, wenn die Situation zum Stillstand kommt oder von allein zu verblassen beginnt.

14. Lassen Sie die Situation erst vollständig verschwinden. Richten Sie dann den inneren Blick wieder auf das Licht vor Ihrem Dritten Auge.

15. Spannen und entspannen Sie Ihre Muskeln, räkeln und strecken Sie sich, und ballen Sie die Fäuste, bevor Sie die Augen wieder öffnen.

Sie werden jetzt wissen, was diese Situation für Sie bedeutet, und meist wissen Sie auch, was Sie tun können, um sie zu verändern. Sie haben eine Menge neuer Informationen bewusst wahrgenommen. Möglicherweise verändert das Ihre gesamte Einstellung zur Situation, oder Ihre ursprüngliche Einstellung wird verstärkt, aber dann wissen Sie auch meist, was zu tun ist. Sie werden auf jeden Fall mehr wissen als vorher. Vielleicht haben Sie größeren Einblick in die wahren Motive der anderen Personen. So können Sie allmählich verstehen, was den Konflikt beiderseits verursacht hat.

Nicht immer erschließt sich eine Situation intuitiv so vollständig, wie wir es gerne hätten. Vielleicht werden einige Aspekte nicht gezeigt. Meist hat dies einen guten Grund, denn Ihre Intuition lässt nichts aus, was Ihnen nutzen und Sie schützen könnte. Die fehlenden Teile tragen entweder unwichtige oder aber für Sie (noch) nicht geeignete Informationen. Das müssen Sie akzeptieren.

Lücken haben ihren Sinn

Manchmal kommen in den Situationen auch symbolische Verschlüsselungen vor, die Sie sich gut merken sollten, um sie später „übersetzen" zu können.

Nicht immer erfahren wir alles über eine Situation, aber meistens mehr als genug, um zumindest eine Idee davon zu bekommen, was wir ändern könnten.

Lebewesen vollständig wahrnehmen

Menschen und Tiere intuitiv wahrzunehmen, kann uns eine ganz andere Dimension des Zugangs zu ihnen eröffnen, eignet sich jedoch nicht zur „Betriebsspionage". Das heißt, diese Fähigkeit ist nicht dazu geeignet, anderen Lebewesen Informationen zu entreißen, die sie nicht preisgeben wollen.

Ihre Intuition respektiert die innerste Welt anderer Wesen, ebenso wie andere Ihre innere Welt respektieren müssen. Dennoch gibt es eine Menge Informationen, die andere Lebewesen über sich aussenden, ohne sich dessen wirklich bewusst zu sein.

Auf Menschen oder Tiere angewandte Intuition

Häufig reagiert Ihre Intuition mit stärkeren Gefühlswallungen, wenn es um Menschen oder Tiere geht. Die Intuition bezieht ziemlich eindeutig Stellung, ob ein Lebewesen positiv oder negativ für Sie ist, ob Sie diesem Wesen in Wahrheit zugetan sind oder nicht. Meistens offenbart die Intuition auch, ob das Lebewesen wiederum Ihnen zugetan ist oder nicht.

Seelische Verbindungen zwischen Lebewesen sind vielschichtiger, als wir im Allgemeinen glauben. Es kann karmische Verwicklungen oder Verbindungen aus den Vorleben geben, es kann alte seelische Rechnungen geben oder alte Dankbarkeiten. Alle diese Formen seelischer Verbundenheit können sich in einer vollständigen intuitiven Wahrnehmung offenbaren, wenn Ihre Intuition es momentan für sinnvoll hält. Sonst müssen Sie eben zu einem späteren Zeitpunkt noch einmal nachschauen.

Sie können die Personen oder Tiere in Ihrer intuitiven Wahrnehmung auch ansprechen und ihnen Fragen stellen, jedoch sollten Sie zuerst versuchen, sich auf das zu konzentrieren, was Ihre Intuition Ihnen zeigen will.

Die Schritte der Übung:
1. Öffnen Sie Ihr Drittes Auge mit der Basis-Atemübung.
2. Richten Sie den inneren Blick auf das helle Licht vor Ihrem Dritten Auge.
3. Lassen Sie nun die gewünschte Person oder das Lebewesen optisch vor Ihrem inneren Auge erscheinen. Verändern Sie

diese Erscheinung nicht, sondern lassen Sie sich das Bild von ganz allein formen. Vielleicht bewegt sich der Mensch oder das Tier bereits. Lassen Sie es geschehen, greifen Sie nicht ein.

4. Versuchen Sie nun, Aspekte zu ertasten, die Ihnen ungewöhnlich oder interessant vorkommen. Gehen Sie ruhig ins Bild hinein, Sie können sich ungestört um die Person oder das Lebewesen herum bewegen.

Ungewöhnliche Aspekte ertasten

5. Gehen Sie aus dem Bild wieder heraus, und versuchen Sie, Gerüche wahrzunehmen.

6. Lehnen Sie sich innerlich zurück, und überlassen Sie Ihrer Intuition die Führung. Vermutlich werden Sie jetzt Ihre intuitive Beziehung, Bindung oder Verstrickung mit diesem Lebewesen in Form intensiver emotionaler Schwingungen erleben. Dies sind Ihre wahren Empfindungen für den Menschen oder das Lebewesen.

7. Versuchen Sie jetzt, Geräusche wahrzunehmen. Spricht eine Person, lassen Sie sie ausreden, und hören Sie einfach ganz aufmerksam zu. Unterbrechen Sie niemanden, hören Sie einfach zu.

Erst aufmerksam zuhören…

8. Wenn ein Tier ebenfalls zu sprechen beginnt, wundern Sie sich nicht, sondern hören Sie zu, was es zu sagen hat.

9. Wenn die Person oder das Tier zu Ende gesprochen hat und nichts mehr sagen möchte, können Sie an dieser Stelle versuchen, Fragen zu stellen. Ob Sie auf jede Frage auch eine Antwort bekommen, werden Sie sehen. Auf alle Fälle sehen die Antworten ganz anders aus, als im Alltagsbewusstsein. Es ist der pure Text, den dieses Wesen zu sagen hat. Sie können beispielsweise direkt fragen, ob jemand Sie wirklich liebt. Manchmal gibt es auch verschlüsselte oder symbolische Antworten, die Sie dann später auswerten müssen.

…und dann Fragen stellen

10. Beenden Sie die Übung, wenn Sie keine weiteren Fragen haben oder der innere Eindruck verblasst. Lassen Sie dann alle Eindrücke verblassen und verschwinden.

11. Richten Sie den inneren Blick wieder auf das Licht vor dem Dritten Auge.

12. Spannen und entspannen Sie Ihre Muskeln, räkeln und strecken Sie sich, und ballen Sie die Fäuste, bevor Sie die Augen wieder öffnen.

HINWEISE

▶ Es fällt nicht immer leicht, eine sprechende Person nicht zu unterbrechen, besonders, wenn sie eine andere Auffassung vertritt als Sie. Doch hören Sie trotzdem weiter passiv zu, denn es ist seine wirkliche Meinung. Anfangs fällt es ein bißchen schwer, zwischen Äußerungen, die nur seltsam, und solchen, die verschlüsselt sind, zu unterscheiden. Darüber können Sie nach der Übung nachdenken. Es wird einige Zeit dauern, bis Sie den Unterschied erkennen.

▶ Wenn Ihnen etwas nicht gefällt, was ein Lebewesen sagt, versuchen Sie nicht, seine Worte mit Ihrem Willen zu kontrollieren und so seine Aussagen Ihren Wünschen anzupassen. Bleiben Sie passiv, und hören Sie zu. Es ist nicht einfach, alles hinzunehmen und nur zuzuhören, ohne eine Diskussion anzuzetteln. Auch hier macht regelmäßiges Training sehr viel möglich. Und der Trost ist: Wenn die Person zu sprechen aufgehört hat, können auch Sie Fragen stellen!

Keine willentlichen Kontrollversuche!

Sie sollten sich darüber im Klaren sein, dass eine Begegnung mit einem andern Wesen in Ihrer Intuition Ihnen auch Antworten und wahre Beweggründe zeigen kann, die Sie nicht mögen.

Manche besonders intuitiv begabte Menschen sollen sogar spüren können, wenn sie selbst Gegenstand einer vollständigen intuitiven Wahrnehmung werden.

Intuitive Wahrnehmung für alle Lebensbereiche

Auf einzelne aktuelle oder künftige Situationen können Sie sich auch intuitiv einstimmen und auf diese Weise für bestimmte Momente in Ihrem Leben die Intuition zu Rate ziehen. Wichtig ist, dass Sie dabei so konkret wie möglich sind.

Zeigen Sie nach innen gerichtet Ihrer Intuition aktiv und genau, welchen Anlaß, welche Situation Sie bewertet haben möchten.

Achten Sie beim Abbilden einer bestimmten Situation, einer Frage oder eines Anlasses im Inneren darauf, nicht auf vergangene Erinnerungen zurückzugreifen. Dann nämlich gibt uns die Intuition zwar auch ihre Einschätzung, aber eben in Bezug auf dieses vergangene Ereignis. Diese „Falle" tritt häufig bei wiederkehrenden Feiertagen auf. Wenn Sie sich nun beispielsweise die Weihnachtsfeier des letzten Jahres vor Ihrem inneren Auge vergegenwärtigen, wird Ihnen die Intuition eben auch genau zu dieser Feier die emotionale Einschätzung liefern. Es ist also wichtig, sich mit den inneren Sinnen auf das aktuelle Ereignis zu beziehen. Das ist nicht immer einfach. Besonders wenn der Anlass noch bevorsteht und alles ähnlich wie im vergangenen Jahr ablaufen wird. Weisen Sie Ihre Intuition deshalb an, sich auf das bevorstehende Ereignis zu richten.

Erinnerung verfälscht intuitive Wahrnehmung

Wenn Sie beispielsweise Geburtstag haben und neugierig sind, was Ihre Intuition Ihnen allgemein dazu mitteilen kann, fragen Sie sie:

▶ Öffnen Sie Ihr Drittes Auge, und stellen Sie sich Ihren Geburtstag mit möglichst vielen inneren Sinneseindrücken vor.

▶ Lassen Sie los, wenn die Situation für Sie so gegenwärtig und lebendig wie möglich ist.

▶ Sie bestimmen jetzt nicht mehr über die Details, die Sie sehen oder hören, sondern überlassen Ihrer Intuition die Führung. Was zeigt Sie Ihnen?

Ebenso können Sie sich mit bestimmten Fragen an Ihre Intuition wenden. Vielleicht haben Sie sich um eine neue Stelle beworben, wissen aber nicht, ob die neue Firma oder der Zeitpunkt für den Stellenwechsel wirklich günstig ist:

▶ Versenken Sie sich, indem Sie ihr Drittes Auge öffnen, und stellen Sie sich die neue Stelle und die neue Firma so lebendig wie möglich vor.

▶ Lassen Sie dann innerlich los und bitten Ihre Intuition um Bewertung.

▶ Versuchen Sie nicht, aufkommende Emotionen zu beeinflussen, denn es könnte sein, dass sich Ihr Verstand mit seiner logischen

Datenbank und Argumenten wie ‚Aber die Bezahlung ist höher‘ oder ‚Der Arbeitsweg ist kürzer‘ dazwischenschaltet. All dies haben Sie mit Sicherheit schon vorher bewusst erwogen, jetzt möchten Sie eine intuitive Bewertung.

Den Verstand beiseite schieben

▶ Schieben Sie Ihren Verstand beiseite, und überlassen Sie ohne bewusste Einschränkungen oder inneres Argumentieren Ihrer Intuition die Führung und Bewertung der Frage: Wie fühle ich mich innerlich mit der neuen Stelle, der neuen Firma?

▶ Nachdem Sie die intuitive Bewertung eingeholt haben, führen Sie die Basis-Atemübung zu Ende, spannen und entspannen Sie Ihre Muskeln, und räkeln und strecken Sie sich, bevor Sie die Augen öffnen.

Nun können Sie beide Bewertungen vergleichen: Was hat der Verstand vorher gesagt, und welches emotionale Urteil hat die Intuition Ihnen jetzt übermittelt? Sind beide Einschätzungen deckungsgleich, dürfte eine Entscheidung problemlos zu treffen sein. Nach welchem Urteil Sie sich bei einander widersprechenden Bewertungen richten, ist Ihre Entscheidung. Da kann Ihnen niemand helfen! Auch die Meinungen anderer sind da nicht sehr sinnvoll, denn Ihr Leben ist, wie das Ihrer Mitmenschen, einzigartig. Was für Sie richtig ist, kann für eine andere Person völlig falsch sein und umgekehrt.

Sollten Sie jedoch schon Erfahrungen mit der Intuition gemacht haben, dürfte es Ihnen bei internen „Meinungsverschiedenheiten“ nicht schwer fallen, der Intuition den Vorzug zu geben.

Hilfe für Unentschlossene

Vielen besonders unentschlossenen Menschen haben die Übungen zum bewussten Einsatz der Intuition enorm geholfen. Konflikte, die früher in dem berühmten Satz „Ich weiß nicht!“ endeten, konnten als innere Widersprüche zwischen Verstand und Intuition entlarvt werden. Das „Ich weiß nicht!“ bedeutete einfach nur: Mein Verstand zeigt mir ein Resultat, aber ich fühle mich damit nicht wohl. Bei bewusstem intuitiven Wahrnehmen zeigte die Intuition oft eine starke Abneigung gegen das vom Verstand erzeugte Resultat. Wenn sich die ehemals scheinbar unentschlossenen Menschen dann jedoch auf ihre Intuition verließen, waren sie sehr oft nicht nur begeistert, sondern fühlten sich auch befreit. Sie hatten nämlich zuvor die warnende Stimme ihrer Intuition zwar durchaus empfunden, konnten sie aber nicht als wahrheitsuchende Instanz identifizieren. Aus ehemals unentschlossenen Zeitgenossen sind durch bewusstes Zutrauen zur eigenen Intuition oft aktive und entschlossene Menschen geworden!

Höhere Wahrnehmungsübungen
Der Blick in die Zukunft
Mentale Vorbereitung

Diese Übung sollten Sie nicht gleich zu Anfang machen! Bei all unseren Übungen kann Ihnen ja nur Gutes geschehen, doch es bedarf zunächst des Trainings, um Ihre Intuition auszurichten.

Neben Gegenständen, Lebewesen oder Situationen als Ziel Ihrer Intuition können Sie sich auch auf die sogenannte Zukunft ausrichten, um sie mit Hilfe der Intuition zu erfassen. Dazu ist es sinnvoll, erst einmal alle Übungen zu trainieren. Im Grunde ist dieser Schritt nicht schwerer oder anders als die bereits beschriebenen Übungen, jedoch wird es hier sicher zu einem Konflikt mit den allgemeinen Vorstellungen kommen, der blockieren kann.

Erst alle anderen Übungen trainieren

Wir sind es gewohnt, die Zukunft als unbekannte Größe zu sehen. Dies ist die Sicht unserer gebundenen Außensinne, die wir Tag für Tag von allen Seiten bestätigt bekommen. Zukunft ist für uns höchstens eine Wahrscheinlichkeitsrechnung aufgrund bisheriger Erfahrungen.

Bevor Sie die Übung beginnen, sollten Sie sich mental lockern, um sich von allgemein üblichen Meinungen frei zu machen. Dazu können folgende Überlegungen helfen:

◗ Das Leben ist eine Kette mentaler Lernprogramme. Wir stecken immer gerade in einem speziellen Lernprogramm, das wir bewältigen müssen. Erst dann können wir zur nächsten Entwicklungsstufe mit einem neuen Lernprogramm fortschreiten. Wie

123

in der Schule! Wir müssen erst eine Klasse erfolgreich abgeschlossen haben, bevor wir versetzt werden.

▶ Es gibt keine Zeit. Die einzige Zeitkomponente für die Seele ist die Stelle innerhalb der Lernprogrammkette, an der wir uns gerade befinden.

▶ Wir können unser aktuelles Lernprogramm nicht überspringen, selbst wenn wir vielleicht schon Jahre oder gar Jahrzehnte darin feststecken. Wir werden erst zur nächsten Lernstufe weitergehen, wenn wir das aktuelle Programm verstanden haben.

▶ Das Begreifen der seelischen Entwicklungsstufen hat nicht nur etwas mit Bewusstsein und Logik zu tun. Erst im Erleben, und zwar mit Hilfe der Intuition, haben wir wirklich verstanden.

▶ Die „Verpackung" der Lernprogramme ist relativ, das heißt, wir können in dieser oder einer anderen Umgebung exakt dasselbe lernen. Es geht um den Inhalt und nicht um die äußeren Umstände.

▶ Seelische Entwicklung heißt innere Bewegung, nicht das Verändern äußerer Umstände. Diese verändern sich durch die innere Veränderung sozusagen automatisch.

Im Erleben liegt das Verstehen

Machen Sie sich klar, dass Sie sich zuerst von der „Verpackung", also der äußeren Umgebung lösen müssen, um dann den Inhalt Ihres aktuellen Lernprogramms erkennen zu können. Das intuitive Erkennen des aktuellen Seelenzustandes ergibt eine Art Entwicklungssprung, da wir plötzlich wissen, wo wir uns befinden. Durch diesen intuitiven Wissenssprung können wir dann die nächste Phase unseres Lebens sehen. Die äußere „Verpackung" des neuen Lernprogramms, auf das wir gerade zusteuern, spiegelt den Inhalt wider.

Intuitiver Wissenssprung

Wenn Sie sich beispielsweise in einem neuen Haus sehen, so ist nicht das Haus, was Sie eventuell besitzen werden, die wichtige Information. Wichtig ist vielmehr, was dieses Haus für Ihr Innenleben bedeuten wird. Das ist die wichtige Information für Ihre Zukunft! Die Intuition zeigt Ihnen Ihre nächste seelische Entwicklungsstufe!

Wichtig für die mentale Vorbereitung
▶ Lassen Sie die gegenwärtige Umgebung und die aktuellen Lebens-
umstände innerlich los.
▶ Es gibt keine Zeit, nur eine kontinuierliche Kette von aufeinander
aufbauenden Lernprogrammen.
▶ Entspannen und öffnen Sie sich! Versuchen Sie nicht, etwas zu
steuern!
▶ Nehmen Sie entgegen, was Ihnen gezeigt wird.
▶ Konzentrieren Sie sich nicht auf die äußere Verpackung, sondern
auf den Inhalt, den diese repräsentiert.

Die Übung

Sorgen Sie dafür, dass Sie bei dieser Übung nicht gestört werden.
Sagen Sie Ihrer Familie, dass für die nächste halbe Stunde bis
Stunde absolute Ruhe herrschen muss. Schließen Sie notfalls sogar die Tür hinter sich ab. Niemand sollte sie rufen oder ansprechen, bis Sie wieder aus Ihrem Zimmer kommen.

Sie können diese Übung auch mit Ihrem Partner bzw. Ihrer Partnerin machen, wenn Sie ein gutes Vertrauensverhältnis haben.
Der Partner versenkt sich nicht, sondern liest Ihnen die Anlei-
tungen vor und fragt immer wieder, was Sie erleben. Er nimmt die
Position des Begleiters ein, darf Sie aber während der Übung nicht
berühren. Vielen Menschen vermittelt eine Begleitung Sicherheit
und Entspannung, und das sofortige Beschreiben des Erlebten in-
tensiviert die neuen Eindrücke. Wenn ein Partner allerdings eher
zu disharmonischem Verhalten neigt, sollten Sie die Übung lieber
allein machen. Sie können nur liebevolle Begleitung gebrauchen,
denn während dieser Übung stehen Sie im absoluten Mittelpunkt
des Erlebens. Sie steuern das Tempo und bestimmen, was Sie
wann sagen möchten. Sie können niemanden gebrauchen, der
versucht, das Kommando zu übernehmen oder zu drängeln.

Intuitives Arbeiten mit Partner bzw. Partnerin

Wenn Sie sich dadurch sicherer fühlen oder falls Sie etwas ängstlich oder unsicher sind, rufen Sie Ihren Schutzengel zur Hilfe, um
Sie auf Ihrer inneren Reise zu begleiten. Wenn Sie auf der Reise
nicht weiter wissen, können Sie sich an diesen Schutzengel wen-

Schutzengel

den. Die meisten Menschen sehen den Schutzengel nicht vollständig, sondern nur als diffuse Lichtgestalt, und oft nur die Hand, die er der reisenden Person hält. Falls Sie bislang noch keinen Kontakt zu Ihrem Schutzengel hatten und vielleicht gar nicht daran glaubten, dass es so etwas gibt, dann werden Sie gleich etwas Neues erleben: Jeder hat einen Schutzengel.

Die Schritte der Übung:

1. Legen Sie sich für diese Übung ohne alle Decken auf Ihr Bett – das ist am besten. Eventuell können Sie sich ein Kopfkissen ganz flach unter den Kopf legen, um eben und bequem zu lie-

gen. Falls Sie den Boden wählen, sollte die Härte Sie nicht stören. Gut wäre dann ein dicker Teppich oder Teppichboden.

2. Es muss alles vermieden werden, was Sie stören, zwicken, behindern könnte, also ist auch bequeme Naturfaserbekleidung förderlich.

3. Spreizen Sie Arme und Beine etwas vom Körper ab, so dass sich nichts berührt. Sie sollten nirgends gegen etwas stoßen, sondern ganz frei und bequem liegen. Die Handflächen sind locker und entspannt geöffnet und zeigen zur Decke.

4. Schließen Sie die Augen, und machen Sie die Basis-Atemübung, bis Sie ganz ruhig sind. Richten Sie den inneren Blick auf das Dritte Auge. Spüren Sie, wie es warm wird, sich entspannt und sich vibrierend öffnet. Überlassen Sie dann das ruhige, tiefe Atmen wieder Ihrem Unterbewusstsein.

5. Stellen Sie sich nun das Zimmer, in dem Sie liegen, vor Ihrem inneren Auge vor. Es kann eine Weile dauern, bis es gelingt, klappt jedoch immer! Wandern Sie mit dem inneren Blick (Augen immer schön geschlossen!) durchs Zimmer, und nehmen Sie die Details wahr. Das Bild an der Wand, den Stuhl oder was sich sonst an Gegenständen dort befindet. Wenn es Ihnen hilft, können Sie Ihrem Begleiter erzählen, was Sie gerade vor Ihrem inneren Auge wahrnehmen.

Der Raum als visuelle Basis

6. Lassen Sie sich nun von dem warmen, angenehmen, eventuell noch vibrierenden Gefühl Ihres Dritten Auges führen. Es ist wie ein warmer Strom, der Sie mit sich ziehen will, vielleicht zum Fenster, vielleicht zur Tür. Es wird einer dieser beiden Ausgänge sein. Sehen Sie vor ihrem inneren Auge, wie Sie aus dem Fenster oder aus der Tür fliegen – Sie sehen dabei die Umgebung, nicht sich selbst! Vor Ihrem inneren Auge gleitet die Umgebung außerhalb des Zimmers vorbei.

7. Halten Sie sich mit Ihrer Aufmerksamkeit an nichts fest, lassen Sie alles an sich vorbeiziehen. Sie kommen draußen vor Ihrem Haus an. Oft zieht die Intuition Sie zu einem nahen Baum und dort in die Baumkrone, oder Sie werden durchs Fenster direkt auf das Dach des Hauses geleitet.

Noch einmal: Nichts festhalten!

8. Wie immer Ihr persönlicher Weg aussehen wird, folgen Sie dem warmen, wohlmeinenden Gefühl aus Ihrem Inneren. Eventuell sehen Sie diesen warmen Strom zugleich auch als hellgelben Lichtstrahl. Die Richtung weist immer aus Ihrem Zimmer heraus nach oben, wobei Sie Ihre Umgebung genau wahrnehmen, sich aber an nichts festhalten. Die Richtung muss immer nach oben führen!

9. Sie gleiten über Ihr Haus, über den Baum, wo auch immer Ihre Intuition Sie hingeführt hat: Jetzt fliegen Sie über Ihrem Wohnort. Richten Sie Ihren inneren Blick jetzt nicht mehr auf die gewohnte Umgebung unter Ihnen, sondern nach oben, in den Himmel. Fast immer wird es der dunkelblaue bis türkisfarbene Nachthimmel mit einer Unzahl heller Sterne sein.

10. Folgen Sie Ihrer Intuition durch den Sternenhimmel! Es kann sein, dass Sie jetzt schneller fliegen. Das ist in Ordnung. Sie werden jetzt an einen ganz speziellen Ort gebracht, der Ihr persönlicher innerer Platz für die erweiterte Sicht ist. Dieser Ort, ganz gleich, wie er beschaffen ist, wird immer derselbe sein. Wenn Sie also erneut einen Seelenausflug in den Kosmos machen möchten, werden Sie wieder an diesen Ort kommen. Manche Menschen treffen in einem wunderschönen Garten ein, andere in einem speziellen angenehmen Raum ihrer Vergangenheit. Wie immer dieser Platz gestaltet ist, er ist genau richtig für Sie. Setzen Sie sich erst einmal irgendwo hin, und schauen Sie sich alles an. Konzentrieren Sie sich auf diesen Ort. Konzentration ist jetzt wichtig, denn Sie sollen sich hier einen Moment aufhalten und nicht sofort wieder nach Hause fliegen.

11. Halten Sie sich durch die Konzentration an diesem Ort fest, sonst fliegen Sie weiter.

12. Konzentrieren Sie sich auf die neue Umgebung, und stellen Sie in den inneren Raum hinein Ihre Frage, die die Zukunft oder ein akutes Problem betrifft. Besser noch: Fragen Sie nach Ihrem Lernprogramm, das heißt nach dem, was Sie jetzt lernen sollen.

Ein spezieller Ort für die übende Person

13. Es wird Ihnen nun auf ganz verschiedene Art gezeigt. Manchen Menschen werden, wie in einem Theaterstück, die künftigen Geschehnisse vorgeführt. Andere sehen eine Kinoleinwand, manche sehen eine Schultafel, auf der Dinge skizziert werden, wieder andere finden ein Buch, in dem die Ereignisse aufgeschrieben sind. Es gibt auch Fälle, in denen eine Person Ihren Ort betritt, sich an Sie wendet, mit Ihnen spricht und auf Ihre Fragen antwortet. Überprüfen Sie dann zunächst dieses Wesen. Fragen Sie: „Wer bist du?" Oder sagen Sie: „Ich erlaube nur einen durch und durch gutartigen, positiven und weisen Lehrer."

Aufgepasst bei Personen, die Sie ansprechen!

14. Wenn Ihnen eine Person nicht ganz geheuer ist oder Sie sie nicht mögen oder wenn Ihnen etwas an ihr unangenehm ist: Schicken Sie diese Person weg! An Ihrem Ort haben Sie die Macht, nur für positive Energien zu sorgen! Fordern Sie eine himmlische Person an, die Ihnen durch und durch gut gesonnen ist. Nun können Sie Ihre Fragen stellen und den Antworten vertrauen.

15. Merken Sie sich die Antworten, Bilder oder Filme gut, auch wenn Sie jetzt noch nicht alles genau verstehen. Damit können Sie später noch arbeiten.

16. Auch wenn Sie vielleicht immer noch mehr wissen möchten, werden Sie merken, wann Ihre Zeit an diesem Ort abgelaufen ist und es Sie nach Hause zurückzieht. Sie bekommen hier immer nur die Menge an Informationen, die Sie auch erfassen und verkraften können!

17. Sie werden einen Sog spüren, der Sie aus dem Ort herauszieht: Gehen Sie mit Ihrer Intuition mit. Entweder Sie fliegen denselben Weg zurück, den Sie gekommen sind – das ist bei dem überwiegenden Teil der Ausflügler so – oder Sie werden mit einem einzigen großen Sog zurück in Ihr Zimmer gezogen.

18. Machen Sie, sobald Sie wieder in Ihrem Körper auf dem Bett angekommen sind, die Aufwach-Streckbewegungen aus der Basis-Atemübung: Fäuste ballen, Beine anziehen und strecken, Muskeln anspannen und entspannen.

19. Mit der letzten Streckbewegung können Sie dann die Augen aufmachen und sind wieder zu Hause.

SEHR WICHTIG!

Unterbrechen Sie die Übung nicht, wenn Sie einmal losgeflogen sind! Halten Sie die Augen stets geschlossen! Kehren Sie erst in Ihren Körper auf dem Bett zurück, wenn der Ausflug ganz abgeschlossen ist!

Die Seele ist größer als der Körper

Es mag seltsam klingen, aber die Seele ist viel größer als der Körper, in dem sie im Alltag wohnt. Daher ist es wichtig, die Übung richtig abzuschließen, damit die Seele wieder ganz im Körper ankommen kann. Beenden Sie die Übung vorher, haben Sie unter Umständen noch einige Zeit damit zu kämpfen, bis Seele und Körper wieder ihre Alltagsverbindung eingegangen sind. Konkret kann das bedeuten, dass Sie für einige Minuten oder auch Stunden das Gefühl haben, drei oder vier Meter groß zu sein, weil die Seele noch nicht wieder vollständig auf Körpermaße komprimiert worden ist!

Nun können Sie beginnen, Ihre Erlebnisse auszuwerten. Manchmal sind die Informationen ganz eindeutig und klar, manchmal auch verschlüsselt und symbolisch.

TIPP

Schreiben Sie das Erlebte sofort auf. So können Sie nichts vergessen und noch ein wenig bewusst damit arbeiten.

Lebenshilfe durch Wiederholen

Sie können diesen Ausflug jederzeit wiederholen und sich wirkliche Lebenshilfe holen. Ob Sie in die weite oder nahe Zukunft blicken dürfen, hängt immer von Ihrer jeweiligen Verfassung und Ihrem Entwicklungsstand ab. Es kann jeden Tag anders sein! Dennoch empfiehlt es sich, den Ausflug nur an Tagen zu machen, an denen Sie sich einigermaßen gut fühlen. Negative Gemütszustände blockieren die Seele nur und bringen keine brauchbaren Ergebnisse.

HINWEIS

Im Unterschied zu allen anderen Übungen bringt wiederholtes Training bei der Reise in die Zukunft nicht unbedingt bessere Ergebnisse. Hier ist tatsächlich der richtige Moment, das heißt die entsprechende Gemütsverfassung ausschlaggebend für das Erlebnis. Hinzu kommt, dass nicht immer auch etwas zum Sehen, Lernen und Verstehen parat liegt. Sie können sich allerdings voll und ganz auf Ihre Intuition verlassen. Wenn Sie plötzlich das Gefühl haben, die Reise machen zu wollen, tun Sie es. Dann liegt auch etwas bereit, dass Sie sich abholen können.

Veränderungen durch Fortschritte beim Training

Wenn Sie Ihre Intuition schon länger trainiert und wirklich gute Fortschritte gemacht haben, kann sich plötzlich etwas verändern – zumal, wenn Sie intuitiv vielleicht obendrein noch besonders begabt sind. Es kann zu einem Punkt in Ihrer Entwicklung kommen, wo Ihnen die kommenden Ereignisse bei der Reise in die Zukunft nicht mehr klar und deutlich gezeigt werden. Wenn Sie beispielsweise monate- oder auch jahrelang immer präzise Informationen über Ihre künftigen Stationen im Leben erhalten haben, und dies auch in der tatsächlichen äußeren „Verpackung", so kann dies plötzlich aufhören. Das ist kein schlechtes Zeichen, im Gegenteil! Nun verzichtet Ihre innere Wahrnehmung auf äußere Erscheinungsformen und zeigt Ihnen sozusagen pur, um was es bei Ihrer nächsten Lebensetappe gehen wird. Das kann in Form geometrischer Skizzen, bloßer Gefühlszustände oder auch symbolträchtiger Bilder und Filme geschehen. Diese Darstellung kann vom Symbol aus direkt 1 : 1 interpretiert werden. Sie müssen jetzt die Übersetzungsarbeit selbst leisten, denn Sie haben die dafür notwendige Reife erreicht! Das bedeutet jedoch nicht, dass Sie jetzt, wo Sie so große Fortschritte gemacht haben, sozusagen durch verschlüsselte Formen eine Erschwernis bekommen. Im Gegenteil. Die künftigen Lerninhalte werden Ihnen in der Essenz gezeigt. Das Übertragen dieser Symbole auf Ihr Leben ist eine weitere Trainingseinheit, denn parallel mit den symbolhaften intui-

Ende der klaren Bilder…

…und Übergang zur nächsten Trainingseinheit

131

tiven Informationen wächst Ihre Fähigkeit, auch im Alltag in allen Ereignissen die Essenz, das Wesen, den Sinn und Kern zu erkennen. Sie werden ab jetzt im Alltagsgeschehen oft intuitiv erleben, dass ein scheinbarer Zufall echte symbolische Zusammenhänge in sich birgt. Sie werden verstärkt in der Lage sein, hinter der Fassade des Alltagsgeschehens den Sinn zu erkennen. Das können teils Botschaften, Mahnungen, sogar Warnungen, Bestätigungen, Kursänderungen oder sonstige Hinweise sein. Sie werden nicht mehr oberflächlich sehen, sondern Ereignisse von jetzt an immer auf mindestens zwei Ebenen betrachten.

Ein unverschuldetes Zuspätkommen beispielsweise kann sich Ihnen als wohlmeinendes Abhalten von etwas Unangenehmem offenbaren. Ein kleiner Unfall ist nicht bloß ein dummer Zufall, sondern ein deutliches „Stopp" und ein Zeichen, in eine bestimmte Richtung nicht weiter zu gehen. Zeitgleich wird sich durch die Veränderung der Informationen zu Symbolinhalten, die Sie auf Ihrer inneren Reise erhalten, auch Ihre Alltagswahrnehmung ändern.

Zurück in die Vergangenheit

Auf den ersten Blick scheint es verlockender, mit der trainierten Intuition in die Zukunft zu reisen als in die Vergangenheit. Das vergangene Leben kennen wir doch schon! Das ist ein Irrtum. Die Reise in die Vergangenheit zeigt uns nämlich noch einmal die wichtigen Stationen und Momente unseres Lebens – aber eben nicht so, wie wir sie als Datensammlung im Bewusstsein und Unterbewusstsein abgespeichert haben. Es werden nämlich die seelisch wichtigen Momente gezeigt. Dies können äußerlich scheinbar unbedeutende, kurze Augenblicke sein, die jedoch eine Wende unserer inneren Entwicklung darstellten. Sie erhalten hier einen Einblick in ihre bereits bewältigten Lernetappen. Das kann spannend sein, denn es hilft unter Umständen, die Bewertung des eigenen Lebens gerade zu rücken. Vielleicht war der Kauf des neuen Autos gar nicht so wichtig für Ihr inneres Selbst, sondern vielmehr jener Sonnentag, als Sie am Meer saßen. Es ist wirklich

Gezeigt werden seelisch wichtige Momente

hilfreich, die wahren Maßstäbe der eigenen Seele kennenzulernen! Das kann Ihre Lebenseinstellung genauso verändern wie ein Blick in die Zukunft. Im Grunde ist es bei der Zeitlosigkeit der Seele kein wirklicher Unterschied.

Mentale Vorbereitung

Diese Übung – die Spiegelmeditation – sollte mindestens drei Wochen lang jeden Tag um die gleiche Zeit gemacht werden. Erst durch regelmäßiges Üben lassen sich überhaupt Ergebnisse erzielen. Vermutlich hat diese Anlaufzeit etwas mit Ihrer inneren Einstimmung auf die Ereignisse zu tun, denn die Seele muß bereit sein, sich zu öffnen.

Bei der Spiegelmeditation ist es nicht nur möglich, sich selbst rückwärts in immer jüngeren Jahren zu sehen, sondern die Reise in die Vergangenheit hält auch bei Ihrer Geburt nicht an. Wer nicht an Vorleben und Wiedergeburten glaubt, wird mit dieser Übung einige Schwierigkeiten haben, denn die Reise zurück macht nicht im jetzigen Leben Halt! Geburt und Tod sind keine Unterbrechung in der Kontinuität des Lebens! Ein Ziel der buddhistischen Spiegelmeditation war es immer, alle Vorleben oder jene, die für den Meditierenden momentan wichtig sind, zu zeigen.

Regelmäßiges Üben führt bis über die Geburt hinaus

HINWEIS

Sie sollten innerlich darauf vorbereitet sein, dass Sie mit dieser Übung Ihren Vorleben begegnen können.

Das Besondere an der Spiegelmeditation liegt darin, durch eine bestimmte Technik sozusagen die innere Sicht nach außen zu verlegen. Bei allen anderen Übungen wird das Dritte Auge zunächst durch die Basis-Atemübung geöffnet, und dann wird die Intuition auf die Innenwelt und darüber hinaus gerichtet. Dies geschieht zwar auch hier, doch wird Ihre innere Welt nicht bei geschlossenen Augen vor Ihrem inneren Auge ablaufen. Diese Übung wird mit offenen Augen gemacht! Sie werden dabei die intuitive Innensicht außen, in einem Spiegel sehen!

Innere Sicht nach außen verlegt

133

Das erfordert etwas Mut! Denn solange wir uns noch mit geschlossenen Augen in der Innenwelt bewegen, erleben wir zwar viele neue Dinge, könnten aber immer noch vieles als „Phantasie" abtun. Diese gedanklichen Fluchtwege entspringen den gesellschaftlichen Normen, die eine echte intuitive Wahrnehmung immer noch ablehnen, jedenfalls in der westlichen Welt.

Bei der Spiegelmeditation sind diese Auswege abgeschnitten, denn Sie werden tatsächlich im Spiegel, eben außerhalb Ihrer selbst, klar sehen. Daher lag der eigentliche Zweck dieser Meditation ursprünglich nicht so sehr darin, Kenntnis über die eigenen Vorleben zu erlangen, das war sozusagen eine Nebenwirkung. Es ging vielmehr darum, vollständiges Vertrauen in die Realität anderer Dimensionen zu gewinnen.

Intuitives Wahrnehmen ist ebenso real wie Riechen, Schmecken, Tasten, Sehen und Hören. Aber nicht nur das! Genau wie beispielsweise das Riechen einen realen Geruch voraussetzt, so setzt auch die intuitive Wahrnehmung Realitäten voraus, die wahrgenommen werden können!

Vertrauen in die Realität anderer Dimensionen

Auch unser sechster Sinn kann nichts wahrnehmen, was nicht vorhanden ist. Dieser Zusammenhang wird in der Spiegelmeditation erlebt: die Realität der durch Intuition erlebten anderen Dimensionen.

Technische Vorbereitungen

Es ist sehr wichtig, diese Übung eine Zeit lang regelmäßig zu machen, um überhaupt Ergebnisse zu erzielen. Ebenso wichtig ist, sich genau an die Technik zu halten. Zu den weiteren Vorbereitungen gehören folgende Punkte:

▶ Legen Sie eine Zeit fest, zu der Sie diese Übung mindestens für die nächsten drei Wochen machen werden.

▶ Stellen Sie von vornherein sicher, dass es keine Unterbrechungen geben wird.

▶ Die Meditation dauert durchschnittlich bis zu einer halben Stunde, selten länger. Oft sind es rund 20 Minuten.

▸ Die Dauer der Meditation werden Sie nach dem ersten Mal wissen. Sie wird ohne Ihr Zutun immer genau gleich lang sein. Sie können beim ersten Mal vor dem Beginn und nach dem Abschluß auf die Uhr schauen. So haben Sie Ihre persönliche Dauer und können diese Zeitspanne in Ihren Tagesablauf einplanen.

Die Dauer stellt sich von allein ein

▸ Stellen Sie sicher, dass Sie während der Übung keinesfalls gestört werden! Gegebenenfalls sollten Sie der Familie Bescheid sagen, die Tür abschließen und das Telefon aushängen.

▸ Es muss Ruhe herrschen, also keine Musik, kein im Hintergrund laufender Fernseher oder Ähnliches. Alle unbeeinflussbaren Außengeräusche, wie zum Beispiel Straßenlärm, sollten Sie unbeachtet vorüberziehen lassen. Versuchen Sie nicht, herauszufinden, woher der Lärm kommt oder was er bedeutet. Versuchen Sie außerdem, sich dadurch nicht gestört oder verärgert zu fühlen. Lassen Sie es vorbeiziehen.

▸ Sie brauchen einen Spiegel, der nicht zu klein sein sollte, denn Sie sollten sich ganz darin sehen können, wenn Sie davor auf dem Boden sitzen. Zumindest aber sollten Sie Ihren Kopf mit den Schultern sehen können. Der Spiegel sollte ganz sauber sein.

▸ Stellen Sie den Spiegel so gegen eine Wand oder hängen Sie ihn dort auf, dass Sie sich, im Schneidersitz davor sitzend, gut sehen können, ohne den Kopf zu verdrehen oder sonstige Verspannungen zu bekommen.

▸ Idealerweise sollten sich im Spiegel keine anderen Gegenstände spiegeln. Das ist bei unseren westlichen Einrichtungsgewohnheiten natürlich kaum zu bewerkstelligen. Wir haben gewöhnlich keine leeren Räume als Meditationszimmer! Dennoch sollten Sie alles, was leicht zu bewegen ist, aus dem Bereich vor dem Spiegel entfernen.

Spiegeln sollten Sie sich möglichst nur selbst

▸ Um nicht von den verbleibenden Gegenständen abgelenkt zu werden, die unvermeidlich im Spiegel auftauchen, gibt es einen kleinen Trick: Dämpfen Sie das Licht! Oder verzichten Sie ganz auf elektrisches Licht, was noch besser wäre. Je weniger Licht auf diese Gegenstände fällt, um so weniger sind sie zu sehen.

135

▶ Sie selbst brauchen allerdings etwas Licht, um in den Spiegel schauen zu können. Stellen Sie daher zwei Kerzen auf, die genug Licht spenden, sich jedoch keinesfalls spiegeln! Wählen Sie für die Kerzen Positionen, die nahe genug am Spiegel sind, um möglichst viel Licht zu geben, aber andere Dinge im Raum nicht beleuchten. Außerdem sollten die Kerzen nicht in Ihrem eigenen Blickfeld sein, stellen Sie sie also nicht direkt neben den Spiegel. Sie sollten die Kerzen auch nicht sehen können, während Sie in den Spiegel schauen! Idealerweise sollten Sie sie leicht schräg hinter sich aufstellen, während Sie direkt vor dem Spiegel sitzen. Probieren Sie aus, wo es am besten ist.

▶ Zu den technischen Voraussetzungen gehört auch sehr bequeme Naturfaserkleidung. Es darf Sie nichts drücken oder sonstwie durch Unbequemlichkeit ablenken. Tragen Sie während der Übung keine Schuhe.

Richtiger Untergrund und richtiges Sitzen

▶ Probieren Sie aus, ob der Boden, auf dem Sie sitzen werden, zu hart ist oder irgendwie stören könnte. Sollte das der Fall sein, nehmen Sie ein flaches, kleines Kissen und setzen sich darauf.

▶ Probieren Sie vorher aus, in welcher Sitzhaltung Sie einigermaßen bequem für längere Zeit sitzen können. Falls Sie den Lotussitz problemlos beherrschen, nehmen Sie diesen ein. Falls Sie in dieser Haltung nicht geübt sind, nehmen Sie den Schneidersitz ein. Die Haltung sollte locker und nicht verkrampft sein, und die Beine sollten weder einschlafen noch drücken oder schmerzen. Falls Ihnen beide Sitze unmöglich oder sehr unangenehm sind, können Sie sich auch auf einen Hocker setzen und eine Haltung wie bei der Basis-Atemübung einnehmen. Dazu müssen Sie den Spiegel passend aufhängen und die Kerzen neu positionieren, damit diese sich nicht spiegeln.

Psychische Vorbereitung
Die Meditationstechnik dieser Übung erfordert ein gewisses Maß an Selbstbeherrschung. Sie werden sich schnell daran gewöhnen, und beim zweiten Mal wird es Sie kaum noch stören. Aber das erste Mal werden Sie mit sich zu kämpfen haben.

WICHTIG!

Während der gesamten Übung dürfen Sie nicht blinzeln! Sie müssen die Augenlider willentlich die ganze Zeit über offen halten!

Beim ersten Mal macht das Offenhalten der Augen sicher Probleme, denn wir schließen sie normalerweise oft, um die Augen zu befeuchten. Es ist ein unbewusster Mechanismus, den Sie nun durchbrechen müssen, um volle Konzentration zu erreichen. Als Erstes werden Ihre Augen tränen, denn sie müssen befeuchtet werden. Normalerweise verteilt der Lidschlag kontinuierlich Tränenflüssigkeit auf der Augenoberfläche, die am Unterlid abfließt. Halten wir die Lider bewusst offen, müssen sich die Augen erst umstellen. Sie werden weiterhin befeuchtet, aber es dauert eine Weile, bis die Tränenflüssigkeit von allein in den unteren Bindehautsack läuft. Sie weinen also nicht aus plötzlicher Traurigkeit, sondern Sie stellen einfach den Befeuchtungsmechanismus um. Es erfordert einige Selbstdisziplin, nicht zu blinzeln. Falls es Ihnen doch einmal passiert, ist das keine Katastrophe, aber es ist eine kleine Unterbrechung der notwendigen Konzentration. Sie sollten sich also wirklich bemühen, das Blinzeln einzustellen. Nur das erste Mal ist es schwer. Bei den nächsten Malen wird es viel leichter!

Umstellen des Tränenflusses

Lassen Sie also die Tränen laufen, blinzeln Sie nicht, und wischen Sie die Tränen auch nicht ab. Bewegen Sie sich nicht aus Ihrer Meditationshaltung, bleiben Sie unbewegt sitzen, und lassen Sie die Tränen aus den offenen Augen laufen. Auch wenn es kitzeln sollte, wischen Sie bitte nichts ab! Bleiben Sie unbeweglich sitzen. Das ist auch eine Herausforderung an die Selbstdisziplin. Lassen Sie ein Kitzeln an sich vorbeiziehen, wie Sie es mit unkontrollierbaren Geräuschen tun. Konzentrieren Sie sich auf den Spiegel! Ihr Körper regelt das Übrige.

Auf den Spiegel konzentrieren!

Das Tränen wird mit der Zeit sehr viel besser, und nach ein paar Übungen wird es sogar ganz aufhören. Die Technik, mit offenen Augen ohne Blinzeln zu schauen, ist die einzige Hürde dieser Übung.

Spiegelmeditation

Die Schritte der Übung:

1. Setzen Sie sich im Abstand von ungefähr einem halben Meter vor den Spiegel – im Lotussitz, im Schneidersitz oder auf einen Hocker. Sie sollten jetzt entspannt und frontal zum Spiegel und damit sich selbst gegenüber sitzen.

2. Machen Sie zunächst mit geschlossenen Augen die Basis-Atemübung, um das Dritte Auge zu öffnen

3. Wenn Sie innerlich ganz ruhig sind, ihr Drittes Auge warm ist und vibriert, dann sind Sie bereit. Überlassen Sie jetzt Ihren ruhigen, regelmäßigen Atem wieder Ihrem Unterbewusstsein.

4. Wenn Sie jetzt die Augen aufschlagen, dürfen Sie bis zum Abschluß der Übung nicht mehr blinzeln!! Bereit?

Bis zum Schluss der Übung nicht mehr blinzeln!

5. Augen aufmachen, nicht blinzeln! Schauen Sie sich im Spiegel direkt in die Augen, und zwar nicht in ein Auge, sondern in beide Augen! Wandern Sie mit dem Blick im Spiegel nicht von einem zum anderen Auge hin und her. Schauen Sie sich starr in beide gespiegelte Augen.

6. Konzentrieren Sie Ihren starren Blick ohne Unterbrechung nur auf Ihre Augen. Nichts anderes ist interessant oder muss in diesem Moment betrachtet werden.

7. Ignorieren Sie die laufenden Tränen oder sonstige Empfindungen. Das alles regelt sich von allein, Sie haben damit nichts zu tun. Nur der starre Blick in Ihre Augen ist wichtig. Ihre Augen sind im Moment das Zentrum der Welt.

8. Bewegen Sie sich nicht, ändern Sie auch nicht Ihre Haltung, und behalten Sie den starren Blick bei. Alles andere geht Sie im Moment nichts an und zieht unbeteiligt an Ihnen vorbei.

Unbeweglich und starr bleiben!

9. Langsam, zuerst fast unmerklich wird sich das Spiegelbild irgendwann verändern. Nehmen Sie diese Veränderung aufmerksam wahr. Dies ist allerdings kein Anlass, sich zu bewegen oder zu blinzeln. Starren Sie sich weiterhin gerade in die Augen.

10. Anfangs geht die Veränderung des Spiegelbildes in kleinen Wellen vor sich. Es kann sein, dass Sie anfangs auch ein zukünftiges Bild von sich sehen. Doch diese Bewegung in die Zukunft verschwindet schnell wieder, und das Dritte Auge pendelt sich auf die Reise zurück in die Zeit ein. Die vorwärts und rückwärts gerichteten Wellenbewegungen sind nicht beeinflussbar. Versuchen Sie es gar nicht erst. Konzentrieren Sie sich aufmerksam auf Ihre Augen. Das ist alles, was Sie zu tun haben. Alles andere geschieht von allein und kann auch nicht bewusst gesteuert werden.

Auf die Augen konzentrieren!

11. Nehmen Sie die Bilder, die Ihnen gezeigt werden, aufmerksam wahr. Die Spiegelbilder zeigen Sie in immer jüngeren Jahren, zurück bis in die Pubertät, in die Kindheit und ins Säuglingsalter.

12. Diese Bewegung rückwärts in der Zeit kann schon bei der ersten Übung einsetzen, in den überwiegenden Fällen aber erst bei der zweiten und dritten Meditation. Nehmen Sie es an, wie es kommt.

13. Die Wellenbewegung kehrt zwischendurch immer wieder zu Ihrem jetzigen Aussehen als Spiegelbild zurück, weil auch Ihre Konzentration in Wellen abläuft. Aber Ihre Versenkungsfähigkeit wird sich während der Übungen steigern, und so werden Sie immer mehr sehen. Konzentrieren Sie sich stets auf Ihre Augen.

14. Es kann sein, dass Sie nach einem Kinder- oder Säuglingsbild von sich einen winzigen Moment lang nichts im Spiegel sehen, auch nicht Ihr jetziges Spiegelbild. Das ist der Übergang von Geburt und Tod zwischen den einzelnen Leben. Diese kurze Leerphase ist jedoch nicht obligat.

Übergang zwischen Tod und Leben

15. Jetzt werden Sie Bilder sehen, die nichts mehr mit Ihrem jetzigen Lebenszyklus zu tun haben. Dies sind Bilder aus Ihrem Vorleben. Die Rückwärtsbewegung geht chronologisch vor. Das nächste Bild, das Sie sehen werden, liegt also immer ein Stück weiter in der Vergangenheit zurück als vorangegangene.

16. Nun werden sie unbekannte Gesichter sehen. Doch auch das waren Sie einmal. So haben Sie in Ihren Vorleben ausgesehen. Machen Sie sich keine Gedanken darüber, ob Sie das hübsch oder hässlich finden. Bewertungen sind völlig sinnlos, denn Sie haben diese Leben bereits hinter sich und alle damit verbundenen Lernprogramme bereits bewältigt.

Bewertungen sind sinnlos

17. Die einzelne Übungseinheit ist zu Ende, wenn Sie merken, dass im Spiegel keine Bewegung mehr stattfindet, sondern nur noch Ihr jetziges Spiegelbild vorhanden ist. Zugleich werden Sie ein Schließen des Dritten Auges spüren. Es ist, als würde Sie jemand aus einem leichten Dämmerschlaf zurück ins Wachbewusstsein schubsen. Wärme und Vibrieren des Dritten Auges sind plötzlich fort, und Sie haben das Gefühl, plötzlich ganz normal in Ihrem Zimmer zu sitzen, als wären Sie

gerade aus einer anderen Dimension gelandet. Jeder hat seine eigenen Empfindungen, durch die sich das Ende einer Übungseinheit bemerkbar macht. Versuchen Sie nicht, dies bewusst zu steuern. Es kommt von ganz allein, ohne Ihr Zutun. Sie werden auf jeden Fall deutlich spüren, wenn die Übung zu Ende ist.

18. Atmen Sie einmal tief ein, und spannen bzw. entspannen Sie die Muskeln, wie Sie es aus der Basis-Atemübung kennen. Strecken Sie sich dann mehrmals kräftig, räkeln Sie sich, und stehen Sie auf. Die Übung ist beendet.

Nach der Übung können Sie Ihre Eindrücke aufschreiben oder malen. Manche möchten lieber sofort darüber sprechen – tun Sie sich keinen Zwang an! Wählen Sie am besten einen vertrauten Menschen aus, der von den Erlebnissen ebenso angetan ist wie Sie selbst.

Eindrücke aufschreiben oder malen

MERKE!

Eine Besonderheit der Spiegelmeditation liegt darin, dass der Zeitraum des Übungszyklus begrenzt ist.

Sie können die Spiegelmeditation einige Wochen, manchmal vielleicht auch zwei oder drei Monate lang jeden Tag einmal machen. Dabei werden Sie immer weiter in Ihre Vergangenheit, in Ihre Vorleben zurückgehen.

Doch dieser Weg zurück in immer entferntere Leben findet eines Tages sein Ende – dann nämlich, wenn Sie bei Ihrem ersten Leben angekommen sind. Es klingt vielleicht verrückt, aber die jahrtausendealte buddhistische Erfahrung mit dieser Meditationstechnik zeigt, dass jeder von uns eine bestimmte Anzahl von Vorleben hat. Sie werden also irgendwann am Anfang Ihres Lebenszyklus ankommen. Vor diesem ersten Leben gibt es keine Bilder mehr. Wenn Sie tatsächlich so weit vorzudringen vermochten, wird der Spiegel nach dem ersten Kindheitsbild aus Ihrem ersten Leben leer sein!

Sie sitzen dann mit offenen, starren Augen vor Ihrem Spiegel – und sehen nichts! Auch nicht Ihr jetziges Spiegelbild! Der Spiegel ist leer, als wäre niemand im Raum! Sollte dies geschehen, ist es also kein Grund, zu erschrecken. Sie sind lediglich am Ende Ihrer Meditationsreise bzw. am Anfang Ihres irdischen Daseins angekommen.

„Der leere Spiegel"

Die Meditationsreise, die Sie jetzt hinter sich haben, heißt deshalb ursprünglich auch „Der leere Spiegel". Wann Ihr Spiegel leer sein wird, das heißt wann es keine Vorleben mehr gibt, ist ganz verschieden. Manche von uns haben schon eine sehr, sehr lange Reihe von Leben hinter sich, andere sind erst relativ neu im Wiedergeburtszyklus.

Eine hohe Zahl gelebter Leben bedeutet indessen nicht, weiser oder klüger zu sein, als jemand, der weniger Leben durchlebt hat. Es kommt letztlich darauf an, ob wir unsere Leben zum Lernen genutzt haben. Jemand kann in wenigen Leben sehr viele Entwicklungsstufen durchlaufen haben, während eine andere Person sehr viele Leben gelebt hat, aber nur sehr mühsam und langsam wenige seelische Lernprogramme absolvierte. Auch hier kommt es, wie bei allen wahren Werten des Lebens, nicht auf Quantität, sondern auf Qualität an!

Qualität statt Quantität

Häufig wird auch von alten oder jungen Seelen gesprochen, um die richtige Bewertung deutlich zu machen. Das hat nichts mit dem aktuellen Lebensalter oder damit zu tun, ob jemand schon Unmengen an Leben gelebt hat. Eine alte Seele ist eine erfahrene Seele, die sehr viele Entwicklungsstufen und Lernprogramme durchlaufen hat und dadurch wirklich weise und wissend geworden ist.

Unterbrechung des Übungszyklus

Obwohl die Spiegelmeditation idealerweise so lange fortgesetzt werden sollte, bis der Spiegel wirklich leer ist, bedeutet dies keinen Zwang, mit dem man sich herumquälen sollte.

Viele Menschen beginnen die Spiegelmeditation aus verständlicher Neugier und hören damit auf, sobald die Bilder der Vergangenheit weiter zurückliegen, als sie vermutet haben. Das ist weder außergewöhnlich, noch schlimm oder gefährlich. Denn alle Übungen, die wir mit unserer Intuition unternehmen, müssen zu unserem aktuellen Entwicklungsstand passen. In manchen Phasen unseres Lebens sind wir eben noch nicht so weit oder noch nicht bereit, die ganze Reise zurück zu tun. Das ist völlig in Ordnung und hat einen Sinn.

Nehmen Sie die Bilder so lange entgegen, wie Sie sie verkraften, nicht darüber hinaus. Später im Leben werden Sie irgendwann von ganz allein weitermachen wollen. Das sind einfach Erfahrungen, die westliche Meditierende gemacht haben, denn wir haben ja viel mehr mit anerzogenen Vorstellungen zu kämpfen, als östliche Meditierende. Für Menschen, die im Buddhismus erzogen und aufgewachsen sind, ist es ganz selbstverständlich, dass jeder Mensch Vorleben hat. Es ist nichts Erstaunliches, sondern von Kindesbeinen an Bestandteil der Realität. In westlichen Glaubensvorstellungen existieren Vorleben nicht, und daher ist es für uns gewöhnungsbedürftig, diesen neuen Erfahrungen ausgesetzt zu sein. Deshalb kann diese neue Realität auch ruhig in verträglichen Portionen genossen werden.

Nicht alles auf einmal!

TIPP

Nach einigen Tagen oder Wochen werden Sie weiter in Ihre Vergangenheit zurückgeschaut haben, als Sie es je für möglich gehalten hatten. Für viele Menschen kann das fast ein bisschen beängstigend sein, weil es einen Widerspruch zu den üblichen anerzogenen Überzeugungen darstellt, überhaupt Vorleben zu haben. Es kann deshalb sehr beruhigend und hilfreich sein, einen guten Freund oder eine gute Freundin außerhalb des Meditationszimmers in der Nähe zu haben. Wenn ein vertrauter Mensch, der über unsere Meditation Bescheid weiß, auf uns wartet und bereit ist, alle Erlebnisse anzuhören, fühlen wir uns meist sehr wohl, und Ängstlichkeit verschwindet sofort. Es ist das Gefühl der Sicherheit, dass uns jemand auffangen kann, nachdem wir soviel altes Neues gesehen haben.

Eine Begleitung im Hintergrund tut gut

Der Test – Wie stark ist Ihr sechster Sinn?

Der folgende Test sagt nichts über Ihre allgemeine intuitive Begabung oder Ihre weitere intuitive Entwicklung aus. Er dient nur der Feststellung Ihres aktuellen Zustandes, der sich jeden Tag und jederzeit verändern kann.

Bei einem Olympiasieger im Kurzstreckenlauf bewundern wir seine Schnelligkeit, wissen jedoch, dass er diese nur durch hartes Training, Fleiß und Ausdauer erreichen konnte. Es erfordert zwar auch Begabung und bestimmte körperliche Voraussetzungen, aber uns ist auch klar, dass dieser Läufer ohne Training nie hätte gewinnen können. Wir bewundern also sowohl seine aktuelle Leistung, als auch das beharrliche Training. Allerdings würden wir angesichts seines Siegeslaufes nicht auf die Idee kommen, zu sagen, wir selbst könnten gar nicht laufen. Als Untrainierte können wir zwar nicht so schnell laufen, aber laufen können wir trotzdem.

Genauso verhält es sich mit der sechsten Wahrnehmungsfähigkeit: Alle Menschen haben Intuition. Wer das Dritte Auge benutzt, ist darin besser trainiert, als jemand, der es nicht nutzt. Ein Mangel an Training läßt sich jedoch beheben – durch Training!

Training entscheidet über Leistungsfähigkeit

Wann der Einzelne dabei an individuelle Grenzen stößt, wird er dann schon merken.

Ob wir zum begnadeten Läufer taugen, können wir erst wissen, wenn wir bis an unsere Grenzen trainieren. Dann erst wird der Unterschied zwischen besonderer und durchschnittlicher Begabung deutlich.

Vor dem Erreichen Ihrer Grenzen entscheidet nur das Training über qualitative Unterschiede!

MERKE

Alle Übungen in diesem Buch sind für jede/n zu bewältigen. Es gibt keine magische Formel außer „Training macht den Meister"!

Vielleicht nutzen Sie den Test als Hilfe zum Einstieg in die Übungen, oder Sie prüfen damit zwischendurch Ihre Fortschritte. Wenn Sie keine Tests mögen, brauchen Sie auch diesen nicht zu machen und können gleich mit den Übungen beginnen.

144

Erfahrungen mit der Intuition

Hier kommen einige Fragen:
Haben Sie schon einmal Ihre innere Stimme gehört?

a) Noch nie. Ich kenne nur die Daten, die mir mein Verstand übermittelt. Wenn ich eine Gefühlsregung habe, die meinem Verstand widerspricht, dränge ich dieses Gefühl beiseite.

b) Ich habe schon einmal so etwas wie eine innere Stimme gehört. Ich war ganz erschrocken darüber und habe dieses seltsame Gefühl sofort verscheucht. Ich wusste nicht, was ich damit anfangen soll.

Innere Stimme

c) Ich habe schon öfter als einmal eine warnende innere Stimme gehört, die mich davon abhalten wollte, etwas Bestimmtes zu tun. Manchmal habe ich mich danach gerichtet, manchmal aber auch nicht.

d) Ich hörte meine innere Stimme ab und zu. Vielleicht nicht allzu oft, aber ich weiß, dass ich sie habe. Und wenn ich sie höre, richte ich mich auch danach.

Haben Sie schon einmal eine plötzliche Gefühlswallung gehabt, die Ihnen genau vermittelte, was zu tun sei?

Plötzliche Gefühlswallungen

a) Ich weiß nicht, was damit überhaupt gemeint ist.

b) Ich glaube schon, aber man hat ja manchmal so komische Gefühle und weiß gar nicht, woher die kommen.

c) Doch, ich bin schon einmal auf starke innere Gefühle eingegangen und lag damit eigentlich immer ganz gut. Aber wenn es mühsam war oder gerade nicht in meinen Tagesablauf paßte, habe ich das beiseite geschoben.

d) Wenn ich plötzlich Gefühle habe, die mir sagen, was ich tun soll, mache ich das auch. Es hat mir noch nie geschadet, sondern mich im Gegenteil schon einmal oder öfter vor etwas bewahrt.

Zukunftsvision

Hatten Sie schon einmal ein visuelles Erlebnis (inneres Bild oder Film), das Ihnen ein bevorstehendes Ereignis gezeigt hat?

a) Ich bin doch nicht verrückt! So etwas hatte ich noch nie!

b) Naja, ich hatte mal so den Eindruck, als würde ich etwas sehen, und als ich ein zweites Mal hinschaute, war dieser Gegenstand oder Mensch bzw. die Situation gar nicht da. Das war schon komisch, fast unheimlich.

c) Ich habe schon einmal oder mehrmals eine Situation oder einen Menschen ganz kurz gesehen, die bzw. der aber erst kurze Zeit später eintraf. Das war sehr erstaunlich und hat mich neugierig gemacht, was da passiert sein könnte. Ich habe mich aber nicht weiter darum gekümmert. Vielleicht war ich auch nur müde.

d) Ich habe schon öfter eine Situation bzw. einen Menschen oder Gegenstand gesehen, der erst viel später auftauchte. Es ist mir auch schon passiert, dass ich mich hinlegte, um ein bisschen zu schlafen und dass kurz nach der Entspannung so ein lebendiges Bild vor meinen Augen auftauchte. Später trat dann diese Situation oder dieser Blick tatsächlich ein. Das war für mich wirklich ein schönes Erlebnis.

Geruch ohne Ursache

Haben Sie schon einmal einen Geruch wahrgenommen, dessen äußere Ursache Sie nicht finden konnten, obwohl Sie überall nachschauten?

a) So etwas gibt es doch gar nicht! Wenn es einen Geruch gibt, dann muss da auch irgend etwas sein. Etwas, das gar nicht da ist, kann keinen Geruch verbreiten!

b) Ich weiß nicht so genau. Aber ich habe einmal etwas gerochen, ohne einen Grund für den Geruch finden zu können. Doch ich habe sicher nur nicht genau genug nachgeschaut. Sicher kam der Geruch aus der Nachbarwohnung oder von woanders her.

c) Ich glaube, das ist mir schon öfter passiert. Ich habe dann immer gründlich nachgeschaut, aber keine Ursache für den Geruch gefunden. Ich habe vermutet, ich hätte eine besonders feine Nase und könnte sogar in die Töpfe drei Straßen weiter reinriechen!

d) Das ist mir schon öfter passiert. Und weil mich das so fasziniert hat, habe ich wirklich gründlich gesucht, aber es gab keinen Grund für diese Gerüche. Ich habe mir das immer so erklärt, dass ich wohl besonderen Appetit auf diese leckeren Sachen hätte. Meistens bin ich dann losgegangen und habe mir dieses Essen oder diese Getränke auch gekauft. Es hat vorzüglich geschmeckt!

Hat Ihre Intuition – als innere Stimme, Bild oder Gefühl – Sie schon einmal vor einer bedrohlichen Situation gewarnt?

Intuition als Warnung

a) Nein. Wer soll mich denn warnen? Wenn etwas passiert, passiert es. Das kann man doch nicht vorhersehen!

b) Ich weiß es nicht so genau. Möglich ist es. Aber ich kann es nicht mit Bestimmtheit sagen.

c) Ja, eigentlich schon. Es hat mich zwar etwas irritiert, aber das Erlebnis war so stark, dass ich dann doch lieber darauf gehört habe, obwohl es mir immer noch seltsam vorkam.

d) Ja. Ich habe schon einmal ein Erlebnis gehabt, bei dem mich die Intuition vor einer Gefahr gewarnt hat. Ich habe auch sofort so reagiert, wie ich es als richtig empfunden hatte. Dadurch ist alles gut ausgegangen.

Intuitives Handeln

Haben Sie schon einmal bei einer wichtigen Entscheidung ganz stark empfunden, dass eine bestimmte Handlung oder Reaktion genau die richtige wäre, auch wenn es Ihrem Verstand oder Ihrer Planung vollkommen widersprochen hat? Wenn ja, wie haben Sie reagiert?

a) Ich entscheide doch in meinem Leben nicht nach dubiosen Gefühlen. Ich treffe meine Entscheidungen immer mit Verstand.

b) Ich weiß nicht, aber ich habe wohl manchmal schon eine Abneigung gegen etwas Geplantes empfunden. Aber dann habe ich doch lieber getan, was getan werden musste, auch wenn ich mich dabei nicht besonders wohl gefühlt habe.

c) Bei wichtigen Entscheidungen treffe ich öfters starke gefühlsmäßige Einschätzungen. Aber danach richte ich mich nicht immer – wenn es geht, natürlich schon, aber nicht, wenn es alle langfristigen Pläne über den Haufen werfen würde. Ich richte mich auch nicht danach, wenn es Ärger mit anderen Menschen geben würde.

d) Ich habe bei wichtigen Entscheidungen fast immer starke Gefühle und richte mich meist auch danach. Denn ich habe die Erfahrung gemacht, dass ich es später bereue, wenn ich mich nicht danach richte. Es ist sogar schon vorgekommen, dass ich so stark abgeneigt war, etwas an sich Vernünftiges zu tun, dass ich es einfach nicht mehr tun konnte. Ich war wie gelähmt.

Üben mit der Intuition

Dieser Teil des Tests beinhaltet das erste Durchführen der Basis-Atemübung. Lesen Sie sich sowohl den Ablauf der Übung als auch die Testfragen vorher gründlich durch, damit Sie wissen, worauf Sie achten müssen.

Machen Sie jetzt die Basis-Atemübung, und beantworten Sie folgende Fragen.

Wie ist Ihre Wahrnehmung von Vibration und Wärme?

Wahrnehmungs-übungen

a) Ich werde zwar innerlich ruhiger, empfinde jedoch weder ein Vibrieren noch Wärme im Dritten Auge.

b) Ich spüre ein leichtes Vibrieren oder Wärme.

c) Ich spüre ein Vibrieren und ein anderes Gefühl, vielleicht leichten Druck oder etwas anderes, aber keine Wärme.

d) Ich spüre Vibrationen und Wärme.

Wie ist Ihre Wahrnehmung des hellen Lichts?

a) Ich sehe kein Licht, alles ist komplett dunkel oder eben wie immer, wenn ich die Augen geschlossen habe.

b) Ich sehe kein deutliches Licht, aber irgendwo im Bereich meiner Stirn scheint ein diffuser Bereich doch ein kleines bisschen heller als die Umgebung zu sein.

c) Ich sehe etwas diffus heller werden. Es ist mir aber nicht klar, ob das Licht von außen oder von innen kommt.

d) Ich sehe ziemlich klar einen nicht genau umrissenen Bereich vor meiner Stirn in gelbem Licht. Es ist zwar wie ein undeutliches, helleres Loch nach draußen, aber es ist hell.

e) Wer an dieser Stelle gleich einen deutlichen hellen Lichtstrahl sieht, eventuell in Hellgelb und vielleicht noch umgeben von einem bläulichen, meist sternförmigen Lichtkranz, der sollte sich um diesen Test wirklich nicht mehr kümmern, sondern aus den Übungen herausnehmen, was er oder sie noch nicht kann!

Wie fühlen Sie sich nach der Basis-Atemübung?

a) Ich fühle mich genau wie vorher. Es hat sich nichts verändert.

b) Ich fühle mich entspannter und frischer als vorher.

c) Ich fühle mich entspannter und frischer als vorher, als hätte ich Kraft getankt. Und irgendwie kommt es mir vor, als könne ich jetzt klarer sehen und/oder hören.

d) Ich fühle mich frisch, entspannt und ruhig, voller Kraft. Ich sehe, rieche oder höre viel besser als sonst. Alles ist überdeutlich. Das Vibrieren des Dritten Auges ist immer noch deutlich zu spüren. Ich fühle mich anders als normalerweise (größer, viel wacher, klarer, neugieriger, aufnahmebereiter).

Auswertung

Zählen Sie nach, welchen Buchstaben Sie überwiegend angekreuzt haben. Ihr Ergebnis ist dann in der entsprechenden Auswertungsgruppe zu finden. Versuchen Sie nicht, sich zu betrügen, indem Sie möglichst viel intuitive Erfahrungen ankreuzen. Das bringt nichts. Es geht ja ausschließlich um Erfahrungen, die Sie mit der Intuition in der Vergangenheit bereits gemacht haben. Diese Erfahrungen haben jedoch nichts mit Ihrer eventuell vorhandenen intuitiven Begabung zu tun!

Gruppe A – Verstand geht über Intuition
Sie sind es gewohnt, nur Ihrem Verstand zu gehorchen und dessen Bewertungen über alles zu stellen. Das blockiert Sie! Auch wenn Sie Ihre innere Stimme schon ein- oder zweimal im Leben vernommen haben sollten, haben Sie nicht auf sie gehört und

sich sofort wieder auf Ihr Verstandesurteil verlassen. Vermutlich leben Sie in einer Umgebung, die im Leben sehr auf verstandesabhängiges Einschätzen achtet. Ihre Umgebung wird den Verstand über alles schätzen.

Niemand kann Sie jedoch zwingen, über Ihr Intuitionstraining zu sprechen. Behalten Sie es für sich, wenn Sie sicher sind, höchstens abfällige Bemerkungen zu hören. Machen Sie erst einmal Ihre eigenen Erfahrungen, und dann können Sie viel besser einschätzen, ob da „etwas dran ist" oder nicht. Lassen Sie sich diese Beurteilung nicht von anderen aus der Hand nehmen.

Trainieren Sie heimlich…

Falls Sie dennoch über Ihre Übungen berichten möchten und negative Kritik ernten, kann eine mögliche Antwort lauten: Wer noch keine Erfahrungen mit Intuition gemacht hat, kann auch nicht darüber urteilen.

…und wehren Sie Kritik ab

Vielleicht haben Sie einen besonders scharfen Verstand, und es macht Ihnen deshalb Freude, für Ihre denkerischen Leistungen gelobt zu werden. Das können Sie auch weiterhin tun. Sie verlieren ja Ihren gut trainierten Verstand nicht, weil Sie sich jetzt einmal mit Ihrer Intuition beschäftigen! Im Gegenteil, Ihr Verstand hat endlich eine kleine Pause und kann wahrscheinlich nach einigem Üben sogar noch besser arbeiten als vorher!

ÜBUNGSTIPPS

▶ Gehen Sie beim Üben langsam vor. Überfordern Sie sich nicht, indem Sie sich beweisen wollen, wie schnell Sie alles bewältigen können. Dies sind keine Datensammlungen, wie Ihr Verstand sie zu verarbeiten gewohnt ist. Hier geht es um innere Erlebnisse! Das „Tempo" unterliegt ganz anderen Maßstäben als den gewohnten.

▶ Da sich zwischendurch vermutlich Ihr Verstand einschalten wird, üben Sie, Gedanken, Eindrücke und Fragen, die aus Ihrem Verstand kommen, einfach und ruhig an sich vorüberziehen zu lassen, wie Wolken am Himmel. Halten Sie keinen Gedanken fest, das heißt, versuchen Sie nicht, ihn bewusst zu Ende zu denken. Versuchen Sie auch nicht, ihn krampfhaft zu verscheuchen, sondern lassen Sie ihn unbeteiligt vorüberziehen.

Gedanken vorüberziehen lassen

Gruppe B – Unsicherheit

Sie haben noch Probleme, Ihrer Intuition zu vertrauen. Es ist Ihnen schnell unheimlich, wenn Sie diese unmittelbare innere Kraft spüren. Sie drängen Ihre Intuition lieber zurück, als sich ganz neuen Erfahrungen auszusetzen. Sie geben viel auf die Meinung anderer, statt eigenen inneren Eindrücken zu vertrauen. Das ist nicht schlimm, denn Sie haben ja nun ein Buch in der Hand, das Ihnen zeigen kann, was Intuition ist, wie sie sich bemerkbar macht und sogar, wie man sie üben kann.

Sich vor ablehnenden Menschen schützen

Sprechen Sie nicht sofort mit ablehnenden Menschen über Ihre Übungen. Geben Sie sich die Chance, eigene Erfahrungen mit der Intuition zu sammeln. Lassen Sie sich Zeit, und gehen Sie in ganz kleinen Schritten vor. Gehen Sie, wenn Sie sich unsicher fühlen, zur vorherigen Übung zurück.

ÜBUNGSTIPPS

▶ Sagen Sie sich vor jeder Übung: „Meine Intuition meint es gut mit mir. Sie ist dazu da, mich zu beschützen und mein Leben besser zu machen."

▶ Erschrecken Sie nicht gleich, wenn Sie innerlich etwas Neues erleben, sondern schauen Sie ruhig und gelassen zu. Es wird Ihnen nichts Unangenehmes gezeigt. Ihre Intuition weiß, was sie Ihnen zumuten kann und was nicht. Es wird nichts geschehen, was Sie überfordert.

Gruppe C – Neugierde

Sie waren vermutlich erstaunt, dass all diese guten, aber merkwürdigen Erlebnisse in Ihrem Leben mit Intuition zu tun hatten. Nun wissen Sie, was es war! Sicher freuen Sie sich darüber, diese starken Empfindungen jetzt einordnen zu können. Durch das neue Bewusstsein, daß sich Ihre Intuition schon sehr lebendig bemerkbar macht, erwacht mit Sicherheit eine große Neugierde in Ihnen. Rasen Sie deshalb nicht durch alle Übungen! Auch wenn es schwerfällt: Nehmen Sie sich etwas mehr Zeit.

Nicht durch die Übungen rasen!

Wahrscheinlich werden Sie sogar erleichtert sein, jetzt endlich bewusst mit Ihrer Intuition arbeiten zu können. Sicher sind Sie auch wieder durch einen jener „dummen Zufälle" an dieses Buch geraten! Nun, es ist wirklich schön, dass Sie sich um Ihre Intuition kümmern wollen. Sie hat Ihnen vieles zu zeigen, was Sie sicher nicht für möglich gehalten haben.

ÜBUNGSTIPP

▶ Ihr größtes Problem beim Üben wird sicherlich die neugierige Unruhe sein, die Sie antreibt. Versuchen Sie trotzdem, bei der Basis-Atemübung so lange zu atmen, bis Sie wirklich innerlich ruhig sind! Machen Sie sich nicht vor: „Es wird schon reichen, und jetzt bloß weiter zum inneren Erleben!" Sie verscheuchen wirklich tiefe innere Erlebnisse, wenn noch zu viele Reste der neugierigen Unruhe in Ihnen sind. Tun Sie sich den Gefallen, und atmen Sie sich ruhig. Dann wird Ihre Disziplin am Anfang sicher reichlich mit inneren Erlebnissen belohnt.

Gruppe D – Ihre Intuition ist schon aktiv!
Sie wissen bereits, dass es Ihre Intuition ist, die Sie öfter im Leben führt, und haben ein ausgeprägtes Gespür für diese inneren Gefühlswahrheiten. Sie nehmen Ihre Intuition genauso wichtig wie Ihren Verstand. Bei Ihren Entscheidungen überwiegt sehr oft Ihre innere Stimme. Ihr Drittes Auge öffnet sich oft schon von selbst. Lernen Sie diese Wahrnehmungsfähigkeit genauer kennen, um Ihren sechsten Sinn künftig ganz gezielt und bewusst einsetzen zu können. Ihre Intuition ist integraler Bestandteil Ihres Lebens.

Vervollkommnen Sie sich!

Sie können anderen, die Sie nach Intuition fragen, helfen, mehr Sicherheit und Zutrauen zu ihrer eigenen Intuition zu finden. Da intuitive Wahrnehmungen für Sie fast schon selbstverständlich sind, würden Sie wirklich vielen unsicheren Menschen einen Gefallen tun, offen und zuversichtlich über Ihre Intuition zu sprechen – natürlich nur zu jenen, die Sie darum gebeten haben. Überzeugungseifer ist bei der intuitiven Wahrnehmung nicht angebracht. Wer nichts davon hält, ist eben noch nicht so weit. Lassen Sie diesen Menschen Zeit, auf Sie zuzukommen – das erspart allen Beteiligten unnützen Ärger.

Falls Sie sich wirklich vorher noch nicht mit Intuition und bewusstseinserweiterndem Training beschäftigt haben, ist das schon fast seltsam, denn Ihre Intuition ruft Sie schon seit langem auf, weiter in die innere Welt vorzudringen.

ÜBUNGSTIPPS

▸ Sehr wahrscheinlich haben Sie schon andere Übungen versucht und sich schon längere Zeit mit Ihrer Intuition beschäftigt.

▸ Sie verfügen über einen reichhaltigen Schatz an intuitivem Erfahrungswissen. Für Sie ist es kein Problem, mit der Intuition zu arbeiten und zu leben. Sie können, nachdem Sie alle Übungen einmal durchprobiert haben, im Anschluss immer die Übung auswählen, die Sie gerade am meisten anspricht. Es muß keine erkennbare Reihenfolge geben.

Erfahrungsaustausch mit anderen pflegen

▸ Versuchen Sie, mit anderen intuitiv sehr aktiven Menschen einen Erfahrungsaustausch zu pflegen. Es ist sicher spannend für Sie, die Erlebnisse in der Innenwelt zu vergleichen. Sie werden erstaunliche Übereinstimmungen entdecken. Vielleicht ist die intuitive Erlebniswelt doch nicht nur die innere Welt des Einzelnen, sondern eine allen zugängliche übergeordnete Ebene?

Literaturverzeichnis

Aquino, Thomas von: Summe der Theologie, 3 Bände. Alfred Kröner Verlag, Stuttgart, 1985

Capelle, Wilhelm (Hrsg.): Die Vorsokratiker. Die Fragmente und Quellenberichte. Alfred Kröner Verlag, Stuttgart, 1968

Cayce, Edgar (Hrsg. Henry Reed): Erwachen der 6. Kraft. Offenbarung des neuen Zeitalters. Heyne Verlag, München, 1993

Cayce, Edgar: Bericht von Ursprung und Bestimmung des Menschen. Rückschau und Prophezeiungen des berühmten amerikanischen Sehers – aufgezeichnet von Lytle W. Robinson. Goldmann Verlag, München, 1979

Castaneda, Carlos: Eine andere Wirklichkeit. Neue Gespräche mit Don Juan. Fischer Taschenbuch Verlag, Frankfurt am Main, 1980

Castaneda, Carlos: Die Lehren des Don Juan. Ein Yaqui-Weg des Wissens. Fischer Taschenbuch Verlag, Frankfurt am Main, 1989

Castaneda, Carlos: Tensegrity. Die magischen Bewegungen der Zauberer. Fischer Taschenbuch Verlag, Frankfurt am Main, 1998

Castaneda, Carlos: Die Kunst des Träumens. Fischer Taschenbuch Verlag, Frankfurt am Main, 1998

Day, Laura: PI. Praktische Intuition. Deutscher Taschenbuch Verlag, München, 1998

Deshimaru-Roshi, Taisen: Za-Zen. Die Praxis des Zen. Kristkeitz Verlag, Weidenthal, 1984

Goldberg, Philip: Die Kraft der Intuition. Wie man lernt, seiner Intuition zu vertrauen. Gondrom Verlag, Bindlach, 1995

Hehlmann, Wilhelm: Wörterbuch der Psychologie. Alfred Kröner Verlag, Stuttgart, 1962

King, Serge Kahili: Erd-Energien. Die Suche nach der verborgenen Kraft des Planeten. Verlag Alf Lüchow, Freiburg i. Br., 1995

King, Serge Kahili: Kahuna Healing. Die Heilkunst der Hawaiianer. Verlag Alf Lüchow, Freiburg i. Br., 1996

King, Serge Kahili: Der Stadt-Schamane. Ein Handbuch zur Transformation durch Huna, dem Urwissen der hawaiianischen Schamanen. Verlag Alf Lüchow, Freiburg i. Br., 1996

Pais, Abraham: Ich vertraue auf Intuition. Der andere Albert Einstein. Spektrum Akademischer Verlag, Heidelberg – Berlin, 1998

Pirsig, Robert M.: Zen und die Kunst ein Motorrad zu warten. Fischer Taschenbuch Verlag, Frankfurt am Main, 1980

Platon: Gesamtes Werk in 5 Bänden. Rowohlt Taschenbuch Verlag, Hamburg, 1975

Ritter, Joachim; Gründer, Karlfried (Hrsg.): Historisches Wörterbuch der Philosophie. Wissenschaftliche Buchgesellschaft, Darmstadt, 1976

Sartre, Jean-Paul: Bewußtsein und Selbsterkenntnis. Die Seinsdimension des Subjekts. Rowohlt Taschenbuch Verlag, Reinbek, 1980

Schmidt, Heinrich; Schischkoff, Georgi (Hrsg.): Philosophisches Wörterbuch. Kröner Verlag, Stuttgart, 1974

Volkamer, Klaus; Streicher, Christoph; Walton, Ken: Intuition, Kreativität und ganzheitliches Denken. Neue Wege zum bewußten Handeln. Suhrkamp Taschenbuch Verlag, Frankfurt am Main, 1996

Wingo, Otha: Das Huna-Arbeitsbuch. Psychologie und praktische Anwendung des Huna-Wissens. Droemersche Verlagsanstalt Th. Knaur Nachf., München, 1994

Yogananda, Paramhansa: Autobiographie. Droemersche Verlagsanstalt Th. Knaur Nachf., München, 1996

Bildnachweis:
Image Bank 21, 32, 41, 57, 105, 125, 137
Tony Stone 71, 93, 94
Nike Schenkl 24

Sachwörterverzeichnis